◇ 浙江省哲学社会科学规划课题青年项目"信息类社会影响在网络投资决策中的作用机理研究"（20NDQN248YB）

◇ 国家自然科学资金项目"基于精细加工可能性模型的 P2P 网络借贷信任形成机理与作用机制研究"（71471163）

◇ "浙江大学双脑计划交叉创新团队"

◇ 本书受浙江大学管理学院出版资助

神经管理学
系 列 丛 书

神经金融学

社会影响下的
网络投资行为

郑杰慧　汪　蕾◎著

NEUROFINANCE

ONLINE INVESTMENT BEHAVIORS
UNDER SOCIAL INFLUENCE

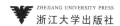

ZHEJIANG UNIVERSITY PRESS
浙江大学出版社

图书在版编目（CIP）数据

神经金融学：社会影响下的网络投资行为 / 郑杰慧，汪蕾著. -- 杭州：浙江大学出版社，2019.12

（神经管理学系列丛书）

ISBN 978-7-308-19925-4

Ⅰ.①神… Ⅱ.①郑… ②汪… Ⅲ.①投资行为—研究 Ⅳ.①F830.59

中国版本图书馆 CIP 数据核字（2020）第 006889 号

神经金融学：社会影响下的网络投资行为

郑杰慧　汪　蕾　著

责任编辑	陈佩钰
责任校对	刘　郡
封面设计	雷建军
出版发行	浙江大学出版社
	（杭州市天目山路 148 号　邮政编码 310007）
	（网址：http://www.zjupress.com）
排　　版	杭州朝曦图文设计有限公司
印　　刷	杭州高腾印务有限公司
开　　本	880mm×1230mm　1/32
印　　张	7.25
字　　数	145 千
版 印 次	2019 年 12 月第 1 版　2019 年 12 月第 1 次印刷
书　　号	ISBN 978-7-308-19925-4
定　　价	58.00 元

前　言

在互联网技术快速发展的背景下,P2P借贷、众筹等互联网金融衍生品经历爆发式增长,基于网络的金融交易行为大幅增加。互联网金融产品和交易模式的创新,打破了传统金融交易的时空隔离(李继尊,2015;谢平,2015),满足了交易多元化的需求。以P2P网络借贷为例,截至2018年8月底,我国累计的贷款平台已经达到了6500多家,在7月底累计成交金额已经突破7.22万亿元①。这种借贷方式作为以往金融体系的补充,可以节约交易成本,增加贷款的流动性和成功率。它在增加投资者投资渠道的同时,能帮助解决小微企业和个体经营者贷款难的窘境(李继尊,2015)。

理想的互联网金融环境,应该是能借助大数据信息实现金融脱媒,降低信息不对称和信用风险的(杨东,2015)。我国监管部门为营造良好的网络金融市场交易环境,大力治理互联网金融行业,出台了大量相应的政策。如最高人民法院发布《最高人民法院关于审理民间借贷案件适用法律若干问题的规

---

① 数据来自:零壹智库发布资料《2018年7月P2P网贷行业月度报告》。

定》,明确了 P2P 网络借贷平台的信息中介性质,以期使得网络借贷市场逐渐变得规范。但实际上,我国目前还未能实现该理想状态。在我国互联网金融交易过程中,信息不对称问题仍然很严重(杨东,2015),同时也伴随着很多道德风险和逆向选择的问题。因此互联网金融作为一把双刃剑,虽然能推动我国普惠金融的进一步发展,但也因为发展的不健全而引起各种问题。

其中暴露出问题最多的互联网金融产品为"融资类的业务产品",如 P2P 网络借贷和众筹。2014 年起网络借贷平台就出现了大规模的倒闭现象,股权众筹也爆发出大量的欺诈问题。因提现困难、经侦介入、停业、跑路等各种原因,截至 2019 年 11 月底,正常运营的 P2P 网络借贷平台仅有 458 家。由于互联网的虚拟性,基于网络的金融货币交易存在着匿名、交易对象模糊等特点。很多交易平台和筹款方很容易利用这些特点来制作虚假信息以骗取更高的收益,使得投资者的利益受到侵害。

投资者作为互联网金融交易中的主体之一,也是促进互联网金融行业快速健康发展的重要角色。投资者在互联网金融交易中能更加便捷地搜索到各类不同的投资产品和项目,同时不仅要承担着传统金融交易存在的风险(信用风险、流动性风险等),还要承担新兴互联网技术带来的如信息安全等其他风险;并且由于网络的流通性,这些风险能被快速传播和放大(林莉芳,2018)。这也使得投资者的决策过程变得更加复杂,充满不确定性。

对于投资者来说,在交易过程中的信息来源主要是平台方,但因为信息量过大又存在不对称问题,投资者往往无法快速准确地甄别有效和真实的信息。因此,依赖社会信息(比如别人的投资行为)做出决策成为许多投资者采用的策略,使得从众行为(在社会规范约束和他人投资行为等社会影响下,形成的投资跟随的行为特征)成为网络金融交易中一种普遍现象(冯博等, 2017;廖理等, 2015;Herzenstein et al.,2011a;Lee & Lee,2012;Lin et al.,2013;Zhang & Liu,2012;Zhang & Chen,2017)。如在网络借贷中,投资者往往会选择筹款进度较快的款项,一来自己的资金能尽快进行收益,二来大部分人已做出的选择会增加投资者投资该款项的信心。尤其是对于新手投资者来说,面对借贷平台提供的大量信息,一开始并不能很好地筛选出最有效的信息进行决策,因而会更容易跟随他人的投资策略进行投资(Zhang & Liu,2012)。虽然"跟风"投资有时候并不是一件坏事,但是难免会存在一些筹款人利用投资者的从众心理"设局"骗取投资者的资金。近年来,各大新闻平台频繁报道投资者受骗上当的例子,也提醒广大投资用户在投资时需要理性思考。而且,投资者的个人情况、投资偏好不同,所适合的投资项目也会存在差异。盲目相信他人而不综合考虑投资项目的收益和回报周期等因素,会给投资者本人带来严重的后果。

对投资者行为的研究一直是管理和经济研究的一个重要组成部分(Harrison & Kreps,1978)。不同于传统的线下投资过程,线上的投资者主要依赖平台所提供的信息,而且也很难从其他渠道获取额外的信息,导致网络投资会比传统的线下投资存在高信息不对称的特点。鉴于网络投资特有的交易环境,在此新的情境下对投资者行为进行研究具有重要的意义。

在对互联网金融的投资者行为的研究中,许多学者发现了社会影响的重要作用(Berger & Gleisner,2009;Herzenstein et al.,2011a;Herzenstein et al.,2011b;Liu et al.,2015;Zhang & Chen,2017)。这些研究表明,由于信息不对称,投资者在面对有限信息的情况下,会通过参考他人的投资行为或受到社会规范约束来做出投资决策。

首先,在网络投资过程中,规范类社会影响可以作为一种约束行为的准则从而影响投资者的行为。作为早期对网络投资交易中投资者行为挖掘的研究之一,Berger 等(2009)发现了在借款过程中社会规范的重要作用。他们基于 Prosper 平台的数据发现,除了传统网络交易市场中可观察到的信用、个人陈述以及用户评论等因素能够影响投资者行为外,借款方所属群组及其大小也会影响投资者的决策。Galak 等(2011)通过研究亲社会借贷平台发现,即便没有直接的利益驱动,借款人的群组信息等因素依然会对投资者的行为造成影响。当借款人属于某一个群组时,投资者认为该群组的社会规范会约束借款人的还款行为,如为了保护群组的声誉,组内其他人会监督该借款人按时还款。因此投资者认为他们更加值得信任,从而会增加投资给该借款人的可能性。除此之外,社会规范也会直接作用于投资者从而影响投资者的投资行为。Lin 和 Viswanathan(2013)发现,在投资过程中,投资者会受到本土偏好的影响,即更倾向于去投资与自己地理距离较近的借款人的项目。

Herzenstein 等(2011)也通过基于网络交易的二手数据挖掘发现,与投资者越相似的借款人越容易得到该投资者的投资,比如当借款人的姓名和投资者的姓名越类似,就越能得到更多的投资。

其次,在网络投资过程中,信息类社会影响也起着非常重要的作用。投资者会通过观察他人的行为来帮助自己做出决策,进而引起投资者的从众行为。不论是基于中国还是国外的网络投资交易数据,很多研究都发现了投资者的从众行为,即投资者会去投资多数人选择的项目(Berkovich,2011b;Lee & Lee,2012;Shen et al.,2010;Zhang & Chen,2017)。但随着研究的深入,产生了理性与非理性的从众行为之争(冯博等,2017;廖理等,2015;Herzenstein et al.,2011a;Lee & Lee,2012;Zhang & Liu,2012;Zhang & Chen,2017),目前还没有统一结论。

近年来,利用神经科学工具来研究金融学等管理学问题变得越来越流行。2013年诺贝尔经济学奖得主 Robert J. Shiller 在 2017 年神经经济学年会上提到,利用神经科学方法研究大脑如何运作是未来整个社会科学的核心,之所以现在还在区分经济学和其他社会学科是因为我们目前还不清楚大脑是如何工作的。在全球大力倡导脑计划的背景下,利用认知神经科学的工具来研究社会科学的问题必将成为一个重要的趋势。

利用认知神经科学工具来研究管理学问题的交叉学科,最早由浙江大学马庆国教授在 2006 年提出,并称之为"神经管理学",同时还建立了全球第一个神经管理学实验室(马庆国、王小毅,2006a,2006b)。与传统的管理学研究相同,神经管理学主要关注管理情景下的决策问题,但通过将认知神经科学的研究方法和管理学的研究方法融合,揭示了管理决策背后的大脑活动和相应的认知机制,进而帮助我们更全面地理解管理情境中个体的行为(马庆国等,2012;马庆国,王小毅,2006b)。神经管理学已经成为管理学中非常重要的一个分支,国内越来越多的商学院开始建立相应的实验室,并开展相关研究。甚至国外很多知名大学的商学院,也建立了实验室开展神经管理学、神经经济学、神经营销学、神经信息系统等的研究。

随着认知神经科学和管理学、经济学等交叉研究的发展,学者们开始借助认知神经科学的工具研究社会影响在金融市场中的作用。Burke等(2010)使用功能性磁共振成像(fMRI),研究了金融活动(股票市场)中的从众行为。他们发现大脑会对信息类社会影响(他人的选择)进行加工,并激活了腹侧纹状体(Ventral Striatum),而且当他人的选择一致性越高的时候,该脑区的激活程度就越高。非常有意思的是,当看到的社会信息是来自于大猩猩时,该脑区却没有明显的活动。该研究说明,不同的社会信息在大脑中会诱发不同的认知活动,而这种认知上的差异,很可能是造成投资者不同行为的原因之一。比如Shestakova等(2012)发现,在颜值判断任务中加工社会信息时诱发的P310和P380这两个脑电成分能够预测个体是否从众。

综上所述,互联网技术的发展促进了我国互联网金融投资行为的大幅增加,投资者在利用互联网金融创新产品获利的同时,也会因为市场和环境存在的高风险和高不确定性,做出不理性投资,在社会影响的作用下产生如从众等有限理性的决策偏好。投资者未经充分理性思考的盲目从众,容易加剧投资风险,造成市场效率低下。本书将以神经金融学为切入点,借助认知神经科学的工具来实时测量社会影响下个体投资决策时的心理状态、信息加工和认知过程,解读个体在社会影响下在网络投资中的投资行为。

本书的组织逻辑如下:

第一部分"脑与金融决策"。该部分首先从收益和风险两个维度对金融决策的神经科学基础进行梳理,进一步介绍本书中研究所涉及的认知神经科学实验方法以及与此较为相关的脑电成分。

第二部分"社会影响与网络投资决策"。该部分通过阐述社会影响理论相关的国内、外研究内容,梳理社会影响下的从众行为,探讨互联网金融决策中社会影响的作用,对国内、外现有的研究进行系统的介绍。

第三部分"社会影响在个体投资决策中的认知作用机理"。第7章与第8章,使用事件相关电位技术(脑电实验),实时测量个体在任务中的脑电活动,考察信息及社会影响信息在投资决策中的重要作用。关注的是投资决策过程中的信息过滤、风险感知,以及社会影响过程中个体是如何对社会信息进行感知加工,试图进一步明确在网络投资决策中社会影响的作用,以及深入剖析社会影响如何影响个体对投资损益结果的态度。第9章则阐述了一项眼动实验,测量个体在投资决策过程中如何对信息(项目信息、社会信息)进行整合加工从而做出投资选择。

该部分关注的是社会影响过程中的"影响过程"，试图从信息加工的视角揭示社会影响在投资决策中的作用过程和认知机制。

第四部分"社会影响下个体网络投资行为的预测"。首先，对以往个体从众行为的理论解释与认知科学相关研究进行了梳理；其次，对个体金融投资行为的预测与神经基础进行阐述；最后，展示了一项基于网络众筹投资任务的实验来阐述个体投资决策中从众行为有关的认知特征。该实验同样使用事件相关电位技术（脑电实验），测量个体在投资过程中如何对社会信息进行响应而做出投资行为的改变。该部分关注的是社会影响过程中投资者的行为响应，试图从认知加工角度对个体投资行为预测进行描述。

"结论"部分。该部分综合本书主要内容，概括主要研究发现、理论贡献和现实意义，并提出未来发展方向。

目　录

第四部分　社会影响下个体网络投资行为的预测

第一部分　脑与金融决策

第1章　金融决策的神经科学基础[①]

面对金融市场上品种繁多的金融衍生品,我们是如何进行选择、做出判断的?自20世纪以来,经济学家基于现代经济学"理性"范式上的逻辑体系,对"选择"(choice)和"判断"(judgement)这两个决策的关键维度做了一系列严格假设:选择(选项评估和行为选择)具有一个一致、稳定的偏好集;判断(信息处理和概率估计)具有一个适用于各种问题的一般推理系统(Sanfey,et al.,2006)。

在分析金融投资策略时,经典金融理论通常是在给定投资期限之后,估计各种投资组合在该期限内收益率的分布,并以未来的期望财富水平最大化为目标得出最优的投资策略。它们假设投资者更关心从金融市场上所获收益所能购买到的消费的效用[②],而不是关心收益本身(Camerer, Loewenstein & Prelec,2005)。然而一系列经典金融理论框架难以解释的异象也在不断出现。其中,最著名的是"股权溢价之谜":股票投资

[①]　本章内容发表在《管理世界》2010年第3期。

[②]　经济学假设金钱的边际效用取决于金钱所能买到的东西,是一个计算器,用来给物品计价换取物品(Camerer,Loewenstein & Prelec,2005)。

的历史平均收益率相对于政府债券投资高出很多,并且无法用标准金融理论CCAPM(消费资本资产定价模型)中的"风险溢价"做出解释(因为,如传统模型所假设,投资者不喜欢风险仅仅只是因为风险会影响消费(Camerer, Loewenstein & Prelec, 2005)。Benartzi等(1995)采用两个行为概念——心理账户和损失厌恶来解释上述的"股权溢价之谜",他们将损失厌恶和频繁的短期业绩评估的投资行为结合在一起,认为投资者存在着"近视损失厌恶"的心理特征,它影响投资者对风险资产的选择。在他们的模型中,投资者直接关心的是股票回报①。然而,无论是从投资收益的消费效用角度还是从它作为"第一强化物"的直接效用角度,风险与收益都是该领域永恒的话题。

期望收益相关的神经学基础

收益与风险是金融决策的两个核心度量。一般而言,对金融投资来说,预期收益越高,其投资风险也越大。如何在避免或者分散较大风险的同时获取尽可能高的预期收益?无数学者从诸多学科角度出发,试图解决这个问题。

近几十年以来,认知神经科学研究都把研究重点放在奖赏与惩罚(期望效用模型的值函数)的神经学基础上(Sanfey, et al., 2006),发现了一些与决策普遍相关的特定大脑区域[见图1.1(Sanfey, 2007)]。

---

① 心理学将金钱看作"第一强化物",可以直接评估它的效用(Camerer, Loewenstein & Prelec, 2005)。

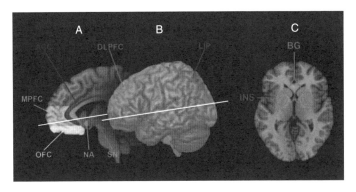

图 1.1 决策相关的大脑区域

注：矢状切面图 A 指出了前扣带回皮质（ACC）、内侧前额叶皮质（MPFC）、眶额皮质（OFC）、伏隔核（NA）以及黑质（SN）的位置；侧视图 B 指出了背外侧前额叶皮质（DLPFC）和外侧顶内沟区域（LIP）的位置；轴状切面图 C（沿着图 A 和图 B 中的白线位置切）指出了脑岛（INS）和基底神经结（BG）的位置。

　　研究发现大脑内部存在一个参与决策处理的神经回路，它主要包括前扣带回皮质（ACC）（Ernst, et al., 2004；Rogers, et al., 2004；Schultz & Anthony, 2000；Sabrina, et al., 2007）、眶额皮质（OFC）（Elliott, et al., 2003；Rogers, et al., 2004；Rolls, McCabe & Redoute, 2008；Sabrina, et al., 2007）、内侧前额叶皮质（MPFC）（Knutson, et al., 2003；Dreher, Kohn & Berman, 2005；Sabrina, et al., 2007）、杏仁核（Elliott, et al., 2003；Smith, et al., 2009；Yacubian, et al., 2006）、纹状体（包括伏隔核）（Doherty, 2004；Dreher, Kohn & Berman, 2005；Ernst, et al., 2004；Elliott, et al., 2003；Knutson & Cooper, 2005；Knutson, et al., 2001；Knutson, et al., 2003；Knutson, et al., 2008；Rogers, et al., 2004；Rolls, McCabe & Redoute, 2008；Sabrina, et al., 2007）、脑岛（Kuhnen & Knutson,

2005；Preuschoff, Quartz & Bossaerts, 2008；Paulus, et al., 2003；
Rolls, McCabe & Redoute, 2008；Samanez-Larkin, et al., 2008；
Smith, et al., 2009；Knutson & S.M.Greer, 2008)以及旁扣带回皮
质(PCC)(Ernst & Paulus., 2005)等，决策处理过程的不同功能都与
这个回路中的某些特定区域有关。Schultz给出了神经回报回路的
一个设想示意图(Camerer, Loewenstein & Prelec, 2005；Schultz
& Anthony, 2000)(见图1.2)。

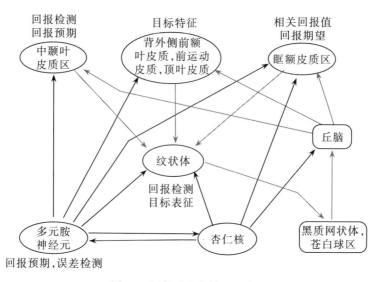

图1.2 回报过程的神经回路

自21世纪开始，神经科学家开始认识到区分回报数量和概
率的重要性，并直接测试了它们各自对回报相关大脑活动的影
响(Sanfey, et al., 2006)。在2001年，Knutson等(2001)发现
预期回报数量会激活腹侧纹状体区域的伏隔核，而预期惩罚激
活了背侧纹状体区域的内侧尾状核。在2003年，他们开发了一

个金钱激励延迟（MID）任务，研究表明腹侧纹状体与回报预期相关［类似发现在 McClure（2003）、O'Doherty（2004）、Knuston 和 Cooper（2005）以及 Knuston 等（2008）的研究中也能找到］，而回报结果则激活了内侧前额叶皮质区域（Knuston, et al., 2003）。Elliott 等（2003）发现当回报出现时，无论回报值大小，杏仁核、纹状体以及中脑多巴胺系统会产生反应；与此相反，前运动皮质激活随着回报值的增加线性上升；内侧和外侧眶额皮质的反应是非线性的，即相比于中间范围的回报值，最低或最高的回报值都会使得该区域激活增强。

Rogers 等人（2004）设计了一个金钱赌博任务，被试在收益、损失数量与概率均不相同的两个赌博选项之间进行选择，然后借助功能性磁共振成像（fMRI）来研究眶额皮质、前扣带回皮质以及腹侧纹状体在"决策选择"和"结果呈现"这两个阶段是如何被激活的。研究结果显示，在选择阶段，高收益选项激活前扣带回皮质和右后眶外侧皮质；在结果阶段，收益（与损失相比）激活了后眶内侧皮质和腹侧纹状体；而且，在这两个阶段，前扣带回皮质与眶额皮质的激活区域仅存在着很小重合。这表明这些区域的神经活动各自对应决策不同阶段的不同回报信息。对比上述研究，不难发现其主要研究重点在于"预期回报"（reward anticipation）和"回报结果"（rewarding outcomes）对应的神经机制上。而随着研究的不断深入，神经科学家开始逐渐关注个体进行决策时所对应的神经机制。例如，Sabrina 等人（2007）的研究发现当被试的决策结果在实验过程中没有得到反馈时，被试的决策效用只激活与回报相关的脑区（腹侧纹状体、腹内侧前额叶皮质、前扣带回皮质、眶额皮质以及多巴胺中脑区域等)。

在风险决策过程中,时序差分预测误差(TD prediction error)(即实际决策回报值与期望回报值的差值),会对个体之后的决策行为产生影响。近来,不少神经科学家已经开始关注与回报概率及预测误差相关的神经机制。Fiorillo等人(2003)的电生理研究发现中脑可能对回报信息的两种统计参数进行译码:短暂的误差预测信号强度随回报概率大小而线性变化;持久的信号强度变化与回报概率高度非线性,并且其最大值出现在回报不确定性达到最大时(回报概率等于0.5时)。Dreher等人(2005)进一步探究这两种信号,他们设计了一个新实验范式,系统地变动金钱回报概率、数量以及期望回报值。该研究发现中脑被误差预测信号短暂激活的同时,会被回报不确定性持久激活。与此同时,可以清晰观察到突触后中脑投射部位的不同激活变化:前额叶皮质对短暂的误差预测信号产生反应,而腹侧纹状体则随着持久的回报不确定性信号协变。这些数据均表明前额叶皮质可能参与回报预测,而腹侧纹状体则可能参与激励过程。Abler等人(2006)设计了一个回报概率在0到100%之间独立取值的简单激励延迟任务,研究显示:在预测回报阶段,大脑伏隔核区域的fMRI信号随着回报概率上升而线性增加;在回报结果阶段,预测误差与回报概率存在线性反向关系,伏隔核区域的活动参与预测误差的译码。Yacubian等(2006)发现期望正收益会激活腹侧纹状体,并且与回报概率以及预测误差信号相关。相反,期望负收益以及相应的预测误差信号与杏仁核相关。这说明腹侧纹状体和杏仁核分别参与正、负期望收益值以及随后各自的预测误差计算过程。而Rolls等人(2008)的研究则发现,内侧眶额皮质激活与回报数量及期望值正相关,并且腹侧纹状体、中脑以及额下回与预测误差相关;前脑岛激活与期望值负相关,并且在回报值不确定时,它也会被激活。

风险相关的神经学基础

近年来,相比于神经科学对期望收益相关的诸多研究以及取得的成果而言,对决策风险的研究还处在初步探索阶段。

Ernst等(2004)设计了一个幸运轮任务,即包含一定概率金钱回报的两选项决策任务,分"选项选择"和"回报预测"两阶段,研究了回报与风险选项的神经活动。研究发现:选择阶段涉及的大脑区域包括视空间注意(枕—顶通路),冲突(前扣带回皮质),数量运算(顶叶皮质)以及运动准备(前运动区),而预期阶段主要包括参与回报过程区域(腹侧纹状体);与低回报、低风险相比,在高回报、高风险情境下,腹侧纹状体在选择阶段会有更强烈的神经反应,而在预测阶段则没有;预期与选择阶段具有不同的神经回路(虽然会有一些重叠)。这表明,冒风险和等待风险决策结果在选择与预期阶段对神经激活的影响可能不同,因此,风险与回报在预期与选择阶段对大脑一般结构(包括腹侧纹状体)的调节作用也是不同的。在2009年,他们修改了幸运轮任务,探究决策中的不同参数(回报数量、概率以及风险[①])在决策选择时的神经反应。结果发现:高回报数量选项激活了脑岛、杏仁核、中后扣带回皮质以及基底神经结;低概率选项以及风险回报选项激活了前扣带回皮质。这表明,非冲突决策(数量选项对比)牵涉到旁扣带回皮质、脑岛等区域,它们主要参与回报值译码,并整合行为反应所需动机和知觉信息。与此相反,冲突决策(概率与风险选项对比)涉及背侧前扣带回皮质,其在冲突检测中的角色早被证实。然而,冲突决策未能激活那些跟踪回报值的大脑结构。因此,冲突决策可能很大地改变了应对简单回报的神经活动方式;并且,这个范式还进一步澄清了扣带回皮质在决策过程中的特化功能(Smith,et al.,2009)。另外,有研究发现腹侧纹状体可能随着回报不确定性(这就表明回报值存在风险)协变(Dreher,Kohn & Berman,2005)。而 Weber 等人(2008)的研究则发现包含风险的选项会激活后顶叶以及外侧前额叶皮质。

金融决策需要评估各种不确定因素导致损失的可能性,即存在的金融风险。一般而言,在金融投资前,个体会对预期收益的风险水平加以预测,并在随后检测相关的风险预期误差,在此基础上对金融风险水平进行修正。神经科学家已经初步找到了该方面的神经信号。例如,Preuschoff等人设计了一个风险不断变换的简单的纸牌游戏任务,研究发现前脑岛区的早发激活与风险预测误差显著相关,并且其时程与它在快速修正时一致;在风险刺激呈现一段时间后(大约 5s 后),对应风险预测

---

① 数量对照是比较"高概率、高回报数量"与"高概率、低回报数量"选项;风险对照是比较"高概率、低回报数量"与"低概率、高回报数量"选项;概率对照是比较"高概率、高回报数量"与"低概率、高回报数量"选项。

的前脑岛区激活开始出现（Preuschoff, Quartz ＆ Bossaerts, 2008）。上述 Rolls 等人的研究也发现当回报值不确定时, 前脑岛会被激活（Rolls, McCabe ＆ Redoute, 2008）。

第2章 金融决策相关认知神经科学实验方法介绍

可以用于管理学研究的认知神经科学的方法有很多种。其中比较主流的方法有功能性磁共振成像(fMRI),事件相关电位(Event-Related Potential,ERP),经颅直流电刺激(tDCS)和眼动追踪技术(Eye-Tracking)。fMRI通过记录在特定任务或者刺激下大脑不同脑区的激活程度(血氧含量的变化),来找到与某种认知过程相关的脑区。ERP方法实时记录在任务态或静息态下的大脑皮层的电位变化活动,通过比较不同事件下神经元放电微弱的电位差异找到和事件有关的脑电成分,进而揭示相应的认知过程。眼动追踪技术记录个体在观察刺激物时的眼球运动数据,通过分析相关的眼动指标,找到影响决策的重要信息,构建与认知、决策相关的信息加工模式。tDCS技术是近年来兴起的技术,通过暂时抑制或激活某个脑区,来观察个体决策或者行为变化,以确定该脑区与某种行为或者认知过程的关系。目前在神经管理学的研究中,使用较多的方法是事件相关电位技术和眼动追踪技术。虽然功能性磁共振成像技术能提供高精度的脑区空间活动定位,但是使用成本较高,在国内还未被普遍使用。事件相关电位技术的优势在于数据采集的高时间精度,而且采集数据的成本也较低,目前的技术可以做到在实验室以外的地方进行脑电数据收集,便于研究者开展田野实验。眼动追踪技术的使用非常便捷,成本更低,而且仪器本身在实验过程中对被试干扰也很少,同样可以应用到实验室实验和田野实验。

结合认知神经科学方法开展管理学的研究有很多好处。Ariely 和 Berns(2010)在文章中提到,相比于传统的研究方法,此类方法有以下几点优势:①精确度更高。其采集到的大脑活动数据包含更少的噪声,能更精确和精细地反映人们的真实状态,因此能利用更少的样本量更加准确地预测出个体偏好,这样还能加快实验的进程。②信息量更大。很多内隐的变量是无法从问卷或者行为测量中得到的,但这些变量却可以很好地通过大脑的活动反映。因此,从大脑的数据中可以挖掘更多的信息量。③可靠性更强。像问卷这样的自陈报告(Self-Report),很有可能会存在撒谎的情况,使得所收集的数据失真。而大脑的活动是无法被轻易操纵的,所以采集的大脑数据也更为可靠。比如,在一项对健康食品和垃圾食品的喜爱程度的评判任务中,发现被试在对两类食品的偏好评分上没有显著的差异,但是大脑的活动却"出卖"了他们,垃圾食品相较于健康食品,所引起的腹内侧前额叶皮质(vMPFC)激活程度更高,而腹内侧前额叶和产品的价值加工有关。结果表明,对被试来说,垃圾食品其实具有更高的价值(Nook & Zaki,2015)。

综上而言,与认知神经科学的交叉研究,不仅能够给研究者带来更多有价值的数据,还能结合大脑活动数据,提高对个体行为决策,甚至是市场行为的预测力。

本书中的研究主要采用眼动实验方法与脑电实验方法,因而本章将详细阐述这两种方法。

眼动实验方法

眼动仪作为一种非常便捷的测量眼球运动的工具,近年来广泛被管理学研究所采用。它因能实时记录个体在处理信息时的视觉加工过程(眼动轨迹)和特征,同时能够尽量避免外部干扰而受到了广大研究者的青睐(马庆国等,2012)。在决策科学的研究中,比较多地利用眼动实验来揭示决策的过程(Arieli et al.,2011;Krajbich et al.,2012;Stewart et al.,2016a;Stewart et al.,2016b)。Orquin和Mueller Loose(2013)的综述性文章详细阐述了以往的研究如何利用眼动数据来验证不同的决策理论和模型;在信息系统科学的研究中,眼动的技术主要应用于电子商务研究,考察不同的消费者如何受到不同产品信息的影响从而做出相应的决策(刁雅静等,2017;王求真等,2012;杨飒,2014;Wang et al.,2016b);在营销学的研究中,眼动相关的研究经常被应用在网页设计、产品摆放以及广告的投放等领域(Deng et al.,2016;Meißner et al.,2016;Texeira et al.,2012;Wedel,2014;Yang et al.,2015;Zhang et al.,2009)。在其他的一些学科中,眼动技术经常被用来观察被试的阅读过程,尤其是针对存在阅读障碍的个体(沈模卫等,2002;闫国利,白学军,2007;Gordon et al.,2006)。

眼动最基本的假设为眼脑假设(eye-mind hypothesis),即眼睛所关注的信息和大脑现阶段所需要加工的信息是实时同步的(刁雅静等,2017;余雯等,2013;Just & Carpenter,1980;Orquin & Mueller Loose,2013)。随着任务的难度增加,个体对信息加工的注视时长(Gould,1973)和注视点数(Just & Carpenter,1976)也随之增加(Orquin & Mueller Loose,2013)。因此,眼动的过程能够揭示人类的情感和认知加工过程(刁雅静等,2017)。

高精度的眼动仪不仅可以记录被试在决策过程中对整个刺激页面的注视点数、注视时长、瞳孔大小、眼跳、眨眼等眼动指标;还能根据自定义的兴趣区划分,提取各个兴趣区内相关的一些眼动指标。不同的眼动指标会有不同的认知含义。例如,瞳孔大小和情绪的唤醒以及认知负荷的大小有关(魏子晗,李兴珊,2015;余雯等,2013;Beatty & Kahneman,1966;Partala & Surakka,2003);对某特定信息的总注视时长可以代表被试对该特定信息加工的深度(汪祚军等,2010;Kuo et al.,2010);对刺激页面关注信息数量的多少可以代表被试对该刺激信息加工的广度(Horstmann et al.,2009);对信息加工的顺序可以看出个体决策时所采用的策略(Russo & Dosher,1983;Russo & Rosen,1975)。

眼动实验的优势可总结为以下几点:①外部干扰性相对较弱。随着科技的进步,目前的眼动仪能降低仪器本身对实验过程的影响，做到让个体在自然环境中做实验（Seth et al.，2008）。②受场地和人员的限制少（Russo，1978）。眼动实验对被试的要求和限制相对较少，同时也不仅仅局限于实验室内。眼镜式的眼动仪可以应用到多种现实的场景中，让田野调查成为可能（Deng et al.，2016）。③采集数据的多样性。眼动仪能记录很多指标，比如注视时长、注视点数、瞳孔大小等，学者还可以对这些指标进行计算形成复合指标，丰富的指标能帮助我们了解信息加工的深度、广度和策略（魏子晗，李兴珊，2015；Glöckner & Witteman，2010）。

脑电实验方法

为了更好地探索个体在决策过程中大脑的认知活动，认知神经科学工具被大量应用到管理学的研究中来，包括功能性磁共振成像（fMRI，functional Magnetic Resonance Imaging）、近红外光谱（NIS，Near Infrared Spectroscopy）、脑电图（EEG，electroencephalography）、脑磁图（MEG，Magnetoencephalography）等（马庆国等，2012；马庆国，王小毅，2006b）。

事件相关电位（ERP，Event Related Potential）是一种无损伤的脑成像技术（Luck，2005），而且技术的操作性强，成本相对较低，因而广泛应用于管理学、心理学、经济学、语言学、计算机科学等领域（郑杰慧等，2016；Meng et al.，2016；Wang et al.，2016a）。

脑电相比其他技术，在时间精度上具有明显的优势。我们大脑的脑细胞无时无刻不在自发地进行电活动，脑电设备可以实时将这种电活动记录下来,时间精度可以达到毫秒(ms)级别。频率、振幅和相位是脑电波最重要的三个属性(赵仑,2010)。在 ERP 实验中,需要在特定的情况下进行刺激或者撤销刺激,来引起诱发电位(EP,evoked potential),然后通过对记录到的头皮表面的电位变化信号进行过滤和叠加的方式从 EEG 中分离出来,而分离出来的就是我们常说的脑电成分(第 3 章中将对相关脑电成分进行介绍)。

由于脑电数据的复杂性,所以对脑电数据的处理和分析就非常重要,本节对目前常用的脑电处理和分析步骤进行介绍(见图 2.1)。

① 数据合并(Merge Data)。一般在实验的过程中为了防止被试过度疲劳,会把实验分成多个部分(block)进行,脑电数据也是分开记录的,所以第一步就是将各个部分的脑电数据合并。

② 去坏数据(Block Bad Data)。在实验过程中由于被试身体的移动、头部的运动或者仪器的问题可能会造成信号噪声,在该步骤中,我们需要浏览所有的数据,去除明显属于噪声部分的数据。若发现有被试的数据质量过差,则应从整体的数据分析中剔除。

③ 去坏电极(Delete Bad Channel)。由于实验仪器使用老损或者脑电帽移动等原因,实验中可能存在一些接触不良的电极点,导致数据结果收集出现问题。除了直接将这些不好的数据删除外,还可以用插值法对这些坏电极进行处理,一般可使用该电极周围 3~4 个好的电极点的平均值作为该电极点的数据。

④ 转换参考(Re-Reference)。在不同的研究中因为实验任

务的需求可能会选择不同的位置作为参考电极点。本书中的研究选择国际中常用的单侧乳突转双侧的方式,尽可能地将参考电极的活动降到最低。

⑤去除眼电(EOG Artifact Removal)。在实验过程中,被试会进行眨眼和眼球的左右扫视。由于眼电会影响到前额电极点的脑电数据,而且会造成比较明显的失真。故为了得到较为干净的脑电数据,去除眼电这一步是非常重要的。在本书的研究中我们采用Scan4.5软件中的默认算法去除眼电的影响。

⑥数字滤波(Filter)。为了去掉不关心的脑电频段(比如30Hz以上的高频脑电)和减少其他信号噪声的干扰,在本书的研究中,我们采用30Hz的低通滤波和1Hz的高通滤波。

⑦脑电分段(Epoch)。该步骤需要选择某个刺激出现的时刻作为零点,然后提取该零点前后一段时间内的脑电数据进行分析。如在本书第8章的研究中,我们主要关注被试看到社会信息和翻牌结果(损益结果反馈)后的大脑加工情况,所以将出现他人选择和翻牌结果的那个时刻作为零点,截取−200ms到1000ms时间窗内的脑电数据。另外,我们还关注被试等待翻牌结果时的大脑活动情况,所以选取了翻牌结果出现前−1200ms时间窗内的脑电数据。

⑧基线校准(Baseline Correction)。在分段完成之后,我们需要对脑电数据进行校准,一般选取零点前的数据作为基线,因为这段时间内大脑没有很强的认知活动。然后将零点后的脑电数据减去基线的数据。如在本书第8章的研究中,社会信息感知加工和损益结果加工这两个阶段的基

线时间窗是 - 200~0ms, 而损益结果期待阶段的基线时间窗是 - 1200~ - 1000ms。

⑨去除伪迹(Artifact Rejection)。一般情况下,由认知活动带来的脑电波振幅不会超过 80μV, 故在此阶段将脑电数据阈值定义在 ± 80μV 范围内,用软件计算自动去除脑电振幅在此范围外的试次,以得到更加干净的脑电数据。

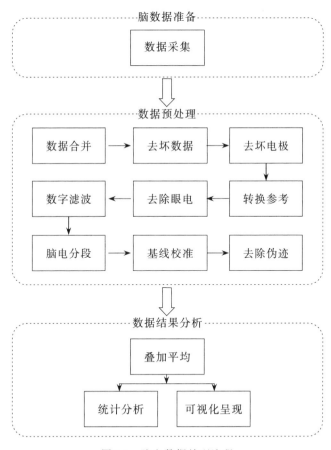

图 2.1　脑电数据处理流程

通过以上9个步骤基本上就完成了对脑电数据的预处理，得到每个被试在不同情况下的脑电数据。之后是对脑电数据进行可视化呈现和统计分析。

①叠加平均(Average)。由于ERP实验的要求，每种条件都会重复出现多次，所以该步骤是对每个条件下的多个试次的脑电数据进行平均，这种方式是将噪声数据平均掉，而留下与认知相关的脑电数据。

②可视化呈现与统计分析。呈现每个人和所有人平均后在不同条件下的脑电波形图，观察出现的脑电成分，根据以往关于该成分的研究，选取合适的时间窗和电极点，并提取出每个人相应的脑电数据，然后进行统计分析。

第3章　金融决策相关脑电成分介绍

与金融决策相关的脑电成分有很多,在本章中将详细阐述本书研究中所涉及的部分脑电成分,包括与刺激锁时相关的刺激前负波、反馈相关负波、P3等。

刺激前负波

刺激前负波(Stimulus-Preceding Negativity,SPN)通常出现在大脑前额(Brown et al.,2008;Ma et al.,2017;Meng et al.,2016;Seidel et al.,2015;Wang et al.,2018),随着反馈结果出现的接近,SPN的振幅变化会越来越显著(Brunia et al.,2011;Pornpattananangkul & Nusslock,2015)。SPN的经典波形图如图3.1所示。SPN的振幅变大反映了个体对重要信息的注意力资源分配(Brunia et al.,2011)。

SPN可以反映个体对反馈结果的情感动机和主观期待(Donkers et al.,2005;Fuentemilla et al.,2013;Meng & Ma,2015;Meng et al.,2016)。在一项时间估计任务中,被试会得

到三种不同的反馈信息:真实的结果,与任务无关的反馈信息,无反馈信息。通过分析被试在等待反馈信息出现阶段的脑电数据,发现只有当反馈信息是真实的结果时,才会出现显著SPN成分,而在其他两种情况下,均未观察到明显的SPN(Chwilla & Brunia,1991)。

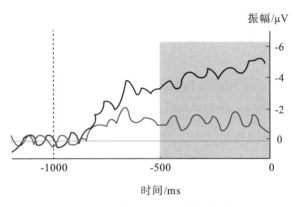

图3.1 经典波形图:刺激前负波

(图片来源:Wang, L., Zheng, J. & Meng, L. Effort provides its own reward: Endeavors reinforce subjective expectation and evaluation of task performance. *Experimental Brain Research*,2017,235(4),1107-1118.)

在另外一项脑电研究中,被试存在两组不同的情况(可以自主选择任务或不能自主选择任务),研究结果发现当被试能够自主选择任务时,在等待结果反馈阶段引起了更大的SPN成分。这说明在自主选择情况下,个体会更加在意该任务的结果,情感动机更强,因此更加期待任务的反馈结果(Meng & Ma,2015)。Donker(2005)采用了赌博游戏来考察个体对赌博结果的期待,在该游戏中会显示三个数字,当三个数字相同时,则视为获胜可以赢得奖励,但这三个数字并不是同时出现的,而是间隔 1s 出现。研究结果显示,当前两个数字一致时,相比不一致时,被试对第三个数字的出现会更加期待。因为当前两个数字一致时意味着更有可能获胜,对个体来说此时的情感动机更强,所以对结果的主观期待更强,SPN 振幅更大(Donkers et al.,2005)。

不确定性会调节人们对结果的主观期待,从而也会影响 SPN 的振幅,在不确定性越高时,个体对结果的期待会更强 (Catena et al.,2012;Dreher et al.,2006;Hellwig et al.,2008; Novak et al.,2016;Qi et al.,2017;Wang et al.,2018;Wang et al.,2017b)。在一项电击实验研究中,研究者发现当接下来是否电击的不确定水平更高时,个体在等待电击阶段会产生更大的 SPN(Ma et al.,2018)。此外,在单人计算任务中,我们发现当被试完成的任务难度更大时,会更加不确定自己的计算结果,从而对结果更加期待,诱发了更大的 SPN 成分(Wang et al., 2017b)。同样在另一个双人答题任务中,也发现在对高难度的题目作答过程中,不确定性会更高,对同伴的答案会更加期待,使得在等待同伴答案出现阶段出现了更显著的 SPN。此外,在高难度的任务中,当同伴的答案与自己的答案不一致时,会进一步放大不确定性,从而导致被试对答题正确与否的结果有更高的主观期待水平,进而引起了更大的 SPN 成分(Wang et al., 2018)。

SPN 在很多研究中还被用来反映个体的内在动机 (Donkers et al., 2005;Ma et al.,2017;Meng & Ma,2015; Meng et al.,2016;Wang et al.,2018;Wang et al.,2017b)。当

个体的内在动机更强的时候,SPN的振幅变化越显著。在两项双人联机的停止秒表任务中,设定当被试停止秒表的时间在规定时间范围内时,则认为成功,反之超出这个范围则视为失败。参与任务的双方(一方为真实被试,一方为实验助手)采用了类似于羽毛球比赛的制度,每一个轮次双方同时进行停止秒表任务,获胜的一方累计1分,直至一方先累计21分并且比对手高出2分,则获得本局胜利。通过操纵实验助手的按键,使得参与实验的个体会存在大获全胜、大幅落后、险胜或者惜败这四种情形。在其中一个任务中,研究者发现当个体处于胶着险胜的状态时,会更加在意按键结果,也会对结果的反馈更加期待,从而增加了SPN(Meng et al.,2016)。而在另一个任务中,当个人惜败时,也会对结果更加在意,更加期待反馈结果,从而诱发出更大的SPN振幅(Ma et al.,2017)。

综上,我们讨论了在反馈结果的期待阶段的SPN成分,该成分可以表征个体对结果的主观价值和期待程度以及在任务中的内在动机水平。

反 馈 相 关 负 波

反馈相关负波(Feedback-Related Negativity,FRN)是与反馈结果加工相关的一个重要成分,一般在刺激后200~400ms出现在后内侧额叶皮层(Posterior Medial Frontal Cortex,PMFC),起源于前扣带回皮质(Anterior Cingulate Cortex,ACC),有时也被称作内侧前额叶负波(Medial Frontal

Negativity, MFN）。其经典波形图如图3.2所示。

对于FRN的认知解释，主流理论包括强化学习理论和情感动机理论。

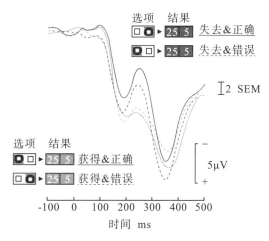

图3.2　经典波形图：反馈相关负波

（图片来源：Gehring, W.J. & Willoughby, A.R.The Medial Frontal Cortex and the Rapid Processing of Monetary Gains and Losses.*Science*, 2002, 295（5563）, 2279-2282.）

强化学习理论（Reinforcement Learning Theory, RL-theory）认为，FRN和错误预测有关，表征的是结果是否比预期的更差或更好（Cohen & Ranganath, 2007；Holroyd & Coles, 2002）。当检测到更糟糕的结果时会诱发较大的FRN（Holroyd & Coles, 2002）。FRN与结果效价相关，负性的反馈结果（比如损失金钱）跟正性的反馈结果（比如获得金钱）相比，会引起更大的FRN（Ma et al., 2011；Qi et al., 2018；Wang et al., 2017a；Wang et al., 2016；Yu et al., 2018）。

在与社会影响相关的研究中,当观察到大众的选择和自己的选择存在冲突时,会被视为一种负性反馈,从而诱发更为显著的FRN成分。因为违反大众的规范被认为是一种错误的信号,从而引起一个强化学习的过程(Huang et al.,2014)。被社会群体所接受会被看作一种奖励,而被社会群体所排斥会被看作一种惩罚。在大部分情况下当自己的选择和群体的选择不一致时,个体会认为自己的选择是背离群体的一种负性的偏差(Cialdini & Goldstein,2004)。面对这种社会情景中的偏差产生的FRN表征着潜在社会奖励的损失,继而提供一个负性的信号帮助强化学习,重新调整接下来的行为(Kim et al.,2012)。

Shestakova等(2012)利用颜值判断(Seeing Beauty)任务来研究规范性社会影响对美丽感知的作用,个体事先被灌输"大部分人都这么做时一定是一个聪明的选择"的概念,那么当个体选择和大众选择不同的时候,就会被视作对社会规范的违反。在该颜值判断任务中,首先个体需要对一系列的照片进行美丽程度的评分,当对每一张照片评完分数之后,便会立即出现大众对该照片的评分;在实验的第二个阶段,个体需要重新对这些照片评分,而该阶段则不再出现大众的评分信息。该研究发现,当个体的颜值打分情况与大众平均分差距越大时,诱发的FRN成分越显著(Shestakova et al.,2012)。在社会信息(大众评分)呈现阶段,个体会主动比较自己的行为和社会的规范,自己的行为和社会规范产生冲突是违背个体的主观预期的,会形成一个负性的反馈,从而诱发较大的FRN。

而在另一种情况下,个体的选择与更多的人产生分歧时该结果更出乎意料,那么FRN的成分也会越显著。Chen等(2012)在他们的研究中设计了与Asch经典的线段判断实验相似的任务,实验由五个人共同完成,每一轮任务中,被试需要从两根颜色不同的线段中选择出与指定黑色线段等长的一根。当被试选择完毕之后,会呈现其他四个人即大众的选择情况,最后会让被试重新选择一次。研究结果表明,当和越多的人产生冲突时,带来的负性信号也就更强,在该阶段产生的FRN的振幅也就更加明显。

另一个解释FRN的理论为情感动机理论(Motivational Significance Theory),该理论由Gehring(2002)在 *Science* 上的研究首次提出。Gehring等人设计了一个赌博实验,在每一个轮次中有5美元和25美元两个选项。个体参与赌博时可以选择其中一个选项,当选择完之后会呈现赌博的结果,即获得或失去所选选项对应的金额,个体每轮次的选择都和自己的最终报酬相关。在结果呈现阶段,发现当看到失去金钱的结果时会比看到获得金钱的结果时引起更大的FRN成分。而25美元所对应的损失和收益所产生的d-FRN($FRN_{损失}-FRN_{获得}$),会比5美元所对应的d-FRN更加显著。根据这一发现,Gehring等学者认为个体的情感动机水平可以被d-FRN成分的波幅表征,反映了个体对反馈结果的主观价值评估。当赌博的金额是25美元而不是5美元的时候,输赢对个体来说变得更加重要,具有更强的情感动机。

另外有研究发现,社会合作的情景会调节个体对待结果输赢(d-FRN)的态度。在Kimura和Katayama(2016)的实验中发现,当个体和三个人同时进行经济决策时,在呈现个体决策和他人决策结果的阶段,对于损失结果,会观察到更为明显的FRN成分。该实验任务是选牌游戏,在每一轮任务中都会出现两张卡牌,其中一张表示能获得10美元的奖励,而另一张则是失去10美元的惩罚。实验分为两种情况:个体独立做决策(即各自的选择决定自己的收益,相互不影响);个体之间为合作关系(即所有人的选择共同决定最后的收益)。在独立的情况下,并没有发现社会影响(选择是否一样)对反馈结果加工(d-FRN)的调节作用。而在合作的情景下,发现在被试自己的选择与其他人的选择产生的冲突比较大的情况下,d-FRN的振幅反而降低了。对这种现象的解释是在合作情境下责任被分散,因为在合作的情景下,结果主要由大部分人的选择决定,那么这个时候个体的选择并不影响整体的结果,故个体的情感动机减弱,所以降低了该情况下d-FRN的显著性。

遵从社会规范会调节个体对待结果输赢的情感动机,从而影响d-FRN的振幅大小。Yu和Sun(2013)采用了一个三人组成的群体赌博决策任务,每一轮实验有两个赌博选项可供选择,其中一个代表最后赢得20元,而另一个代表失去20元。实验中,被试和另外两名"同学"单独做出选择,实际上另外两名"同学"的决策是电脑事先设定好的,但被试以为是在和真人互动实验。被试选择完之后,会呈现三个人的选择情况,这个阶段被称为选择结果呈现阶段。在该阶段会有三种不同的情况出现:被试和其中一人选择相同(基准组),被试和其余两人选择相同(从众组);被试和其余两人选择都不同(独立组)。最后呈现所有人的决策的输赢结果。研究结果表明,在独立组产生的d-FRN(FRN$_{损失}$-FRN$_{获得}$)最为显著,但是在从众组,d-FRN变得更加不显著。这说明,当个体选择和他人不同的时候,金钱得失对于个体来说最为重要,而当个体选择和他人相同的时候,输赢对该个体来说并没有那么高的情感动机水平。该研究还发现,d-FRN的振幅和被试的满意度相关,跟别人一样会产生正性的情绪,减弱了损失金钱所带来的负性情绪,所以d-FRN在从众组会比独立组情况下更小。

此外,FRN不仅可以代表对负性结果的探测,也可以反映对喜爱结果的正性探测(Foti et al.,2011;Wardle et al.,2013;Weinberg et al.,2014),很多学者也将该成分称为奖励正波(Rweward Positivity,RewP)(Proudfit,2015;Threadgill & Gable,2016)。笔者曾参与设计一项加法乘法任务,在该任务中个体需要投入不同努力程度完成不同的题目,完成加法任务所需要付出的平均努力程度显著低于乘法任务。研究结果显示,完成任务所付出的努力会影响个体对待自己作答正确结果的态度,即使不同努力程度的任务所带来的报酬并没有差异。个体在成功之后会引起一个正性的FRN,而虽然低努力任务(加法)之后的成功也会诱发一个正性的FRN,但是却显著小于在高努力任务之后的成功所带来的正性的FRN振幅(Wang et al.,2017b)。该研究进一步反映了FRN对喜爱结果的正性探测。

综上,在对反馈结果的加工阶段,FRN可以表征对负性和正性结果的探测;d-FRN可以用来表征在不同情境下个体对待得失的主观态度和情感动机,不同的社会规范和社会情景等都会调节 d-FRN 的振幅强度。

晚期正成分(P3家族)

P3 是第三个出现的正走向的波,通常在刺激材料出现后300~600ms 达到峰值(Polich,2007),所以很多研究也将它称为P300(Gray et al.,2004;Kok,2001;Linden,2005;Nieuwenhuis et al.,2005;Wang et al.,2015)。在 P3 家族中有很多不同的成分,其中一个使用较多的晚期成分为 LPP(Late Positive Potential),通常在 300ms 之后出现,并且持续时间较长(Hajcak et al.,2007;Lin et al.,2018;Thiruchselvam et al.,2017;Thiruchselvam et al.,2016)。很多研究认为,P3 家族中的 P300和 LPP 并没有太大区别,而且它们所表征的认知过程有很多相同之处。P3 的经典波形图见图 3.3。

P300 和注意力的分配有关(付艺蕾等,2017;Gray et al.,2004;Wu & Zhou,2009;Zhou et al.,2010)。任务过程中总的注意力资源是有限的,在双任务实验中,当一个任务占据更多的资源时,则分配到另一个任务的注意力就会减少,导致 P300振幅降低(Johnson,1988;Kok,2001)。P300 也和认知负荷的大小有关,当认知负荷越大的时候,个体对当前的注意力下降,那么 P300 振幅降低(Pratt et al.,2011)。在笔者设计的一个风险决策和模糊决策的比较任务中,研究结果显示,面对风险决策的项目会比面对模糊决策的项目引起更大的 P300 成分。在风

险决策中,被试很明确地知道有50%的概率可以获得所显示的
金额,但是在模糊决策中,这个概率是不清楚的。所以在遇到
模糊决策时,被试会调用更多的认知资源去回忆和思考来判断
当前试次可能的概率,从而减少了对模糊决策项目本身的注意
力分配,导致引起的P300振幅更小(Wang et al.,2015)。

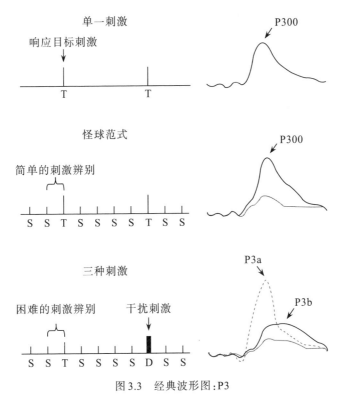

图3.3　经典波形图:P3

[图片来源:Polich, J. Updating P300:an integrative theory of P3a and
P3b.*Clinical Neurophysiology*,2007,118(10),2128-2148.]

　　P300也和情感动机水平相关。个体看到情绪图片时会比看
到中性图片引起更大的P300成分(Briggs ＆ Martin,2009;

Olofsson et al.,2008),因为不论是正性还是负性的图片能带来更高的情绪唤醒,从而引起更强的情感动机。当具有高情感或高动机的刺激材料出现时,会诱发更显著的P300成分(Gray et al.,2004;Leng & Zhou,2010;Nieuwenhuis et al.,2005;Yeung & Sanfey,2004)。有研究显示,P300对收益结果的大小的敏感程度比效价更强,比如涉及的收益金额越大,所赋予的情感动机会更强,诱发更大的P300(Bellebaum et al.,2010;San Martin,2012;Wu & Zhou,2009;Yeung et al.,2005;Yeung & Sanfey,2004)。Schnuerch等(2016)在一个判断符号喜爱程度的实验中发现,当大众的平均打分与自己打分一致时,会比不一致时诱发一个更为正性的晚期成分LPP。这是因为大众的平均打分与自己打分一致会被看作是一种大众对自我行为的肯定,导致主观价值更高,情感动机更强。

和P300有关的另一个理论假说是背景更新理论(Context-Updating Theory)(Polich,2007)。该理论认为,人们在处理信息的时候有一个信息库,当新的刺激信号进入大脑时,大脑会调用工作记忆与原有的刺激进行比较,如果没有发现新奇的刺激,则会保持当前的心理状态,诱发一些和感知相关的成分(N100,P200,N200等);如果发现了新奇的刺激,大脑就会分配更多的注意力资源,重新整合、更新原有的信息,从而引起更大的P300(付辉建,2016;Donchin & Coles,1988;Polich & Kok,1995)。P300等晚期认知成分能反映个体对信息的更新整合,从而指导行为调整的过程。

P300和LPP在社会影响相关的研究中也被发现与从众行为

有关。Thiruchselvam 和他的同事们(2017)探究了个体宗教信仰对从众行为的影响，并从大脑活动中找到了相关的证据。他们将被试分为宗教组和非宗教组，被试的任务是颜值评分，但是先会看到大众的评分，然后自己再打分。研究结果显示，虽然宗教组和非宗教组对颜值评分都受到了大众评分的影响，即表现出从众行为。但是两组被试在对这种行为的脑电响应上存在差异，宗教组的被试在加工不同颜值的照片时，LPP 存在差异，但是对非宗教组的被试来说，在 LPP 上没有表现出显著性差异。这说明两组被试虽然都做出了从众行为，但是在认知机制上其实是不一样的，LPP 能表征这种差异。Chen 等(2010)对在线图书购买中的从众行为进行研究，结果显示，对书籍的评价越一致，被试产生的 LPP 就越大，做出的从众行为就越明显。Shestakova 等(2012)在他们的面孔漂亮程度判断任务中，也发现了 P3 成分与从众行为有关。该研究根据个体的颜值判断与大众的颜值判断是否相同，将实验试次分为冲突和一致组，同时在冲突组，根据被试评分的变化情况分为从众组、不从众组和反从众组。研究结果发现，P3 家族中早期的 P310 和晚期的 P380 在从众组显著大于非从众组。P310 在从众组和反从众组之间没有显著性差异，但是 P380 在这两组中存在明显的差异。因此该研究认为 P380 成分是和个体的从众行为有关的主要认知指标。

　　基于以上讨论，我们可以看到在 P3 家族的成分中，和社会影响作用过程相关的主要是 P300 和 LPP。这两个成分不仅能表征社会影响作用过程中个体的认知加工和评价过程，也能反映个体行为改变的情况，即与个体从众行为相关。

第二部分　社会影响与网络投资决策

第4章 社会影响理论

社会影响理论(Social Influence Theory)兴起于20世纪50年代,描述了个体在社会交互中参照群体规范或受到他人作用而产生个体的态度、信念和行为的转变(Kelman,1958;Kelman,1961)。社会影响理论主要发起于社会心理学,该理论强调了个体的"社会"属性,通常被用来解释个体在决策过程中受他人影响的过程与原因。本章对于社会影响理论的基础研究,主要从社会影响的分类、作用过程及作用程度三方面展开。

社会影响分类

社会影响可以分为两类:信息类的社会影响和规范类的社会影响(Deutsch & Gerard,1955)。

信息类的社会影响指的是个体在信息模糊或者不确定的情况下,希望通过从他人那里获得信息(社会信息)来做出正确的决策。其基本动机是期望做正确的事,对事物有准确的判断。在这种情况下,个体更容易出现内化的行为,即个体会充分考虑他人的选择和当前的情况,重新加工信息之后再做出选择(Kelman,1958)。

规范类的社会影响是指个体希望符合他人对自己的正性期待,迎合他人或避免他人对自己的偏见。其背后的动机是维持正性的自我概念,想要和群体保持一致,不希望自己变得离经叛道(Cialdini & Goldstein,2004)。当个体偏离了群体规范的时候,受到的社会排挤会给个体带来非常痛苦的感受(Klucharev et al.,2009)。因此,在这种情况下,个体会迫于避免被群体排斥的压力而选择附和群体的行为。所以规范类的社会影响更容易产生顺从的行为(Hollander,1958;Janes & Olson,2000;Myers,2013)。

有研究发现,这两类社会影响对个体的决策有不同的作用。Kuan和他的同事(2014)在团购的情境下,探究了信息类的社会影响和规范类的社会影响对消费者的购买意愿和购买行为的影响及其背后的认知机制。在他们的研究中,某个团购产品的购买人数代表信息类的社会影响,朋友对该产品的点赞数代表规范类的社会影响。在被试完成购买任务的过程中,还记录了被试的脑电数据。结果显示,信息类的社会影响同时影响购买意愿和购买行为,而规范类的社会影响只影响购买意愿,并发现了脑电指标alpha波的活动与社会影响的作用相关。

此外,大脑对这两类社会影响的响应方式也是不同的。Mason等(2009)发现个体在应对规范类的社会影响时,主要激活与心理理论有关的脑区(内侧前额叶皮层),而在处理信息类的社会影响时,则主要激活与奖励有关的脑区(纹状体)(魏真瑜,2014)。Mason 等(2008)在研究中让被试进行两阶段的实验。第一阶段共进行 200 轮次,每一轮次呈现一张人脸照片和两个抽象符号,同时会显示该照片中的个体更加偏好哪个符号的信息。在该阶段,信息类的社会影响是通过符号受欢迎的程度来表征的,有 10 个符号在 90% 的试次中被选中(受欢迎),而另外 10 个符号只在 10% 的试次中被选中(不受欢迎)。实验的第二阶段采用了 fMRI 的方法,在任务过程中被试会看到 30 个不同的符号,其中 20 个为第一阶段已经出现的符号,而另外 10 个是新奇的符号,用来表征规范类的社会影响(即有、无他人选择偏好)。该研究结果显示,被试在观察已经出现过的符号(有他人选择偏好)时比观察新奇符号(无他人选择偏好)时,内侧前额叶皮质(MPFC)激活更加显著,由于内侧前额叶皮质与个体的心理状态有关(Amodio & Frith, 2006; Blakemore & Decety, 2001; Mason & Macrae, 2008),因此该研究认为规范类的社会影响会激活和心理理论有关的脑区。此外,相比观察不受欢迎的符号,在观察受欢迎的符号时,被试的纹状体(Striatum)激活程度更强。以往研究发现纹状体与强化学习中奖励的信号有关(Schultz et al., 1992; Tremblay et al., 1998),因此该研究认为信息类的社会影响会和强化学习奖赏脑区相关。

社会影响过程

Kelman 教授(1958,1961)致力于研究社会影响的作用过程。

他的理论认为,个人的态度、信念或者行为会受到他人的影响而产生改变。这种影响过程主要有三种:顺从(Compliance)、认同(Identification)和内化(Internalization)。而这三种过程最终引起的个体响应行为被称为从众行为。

顺从指的是个体为了获得奖励或者避免惩罚,在他人明确或含蓄的要求下,采取一致性行为的现象。如果这种行为是在明确的要求或命令下产生的,这种行为也称为服从(Obedience)。顺从通常表现在行为上,而态度上并没有改变。顺从是迫于外部力量的从众,只是为了暂时得到奖励或者逃避惩罚,并不是发自内心地改变了自己的想法(Cialdini et al.,1973;Cialdini et al.,1976)。这种现象在有社会压力的情境下尤为突出。当有外部压力或被观察时,个体会迎合他人的选择和决策。这种行为也可以被称为观念的弹性偏移,一旦外部压力减弱,决策者会立马偏向自己初始的选择。

认同指的是个体希望与所处的群体建立良好的关系,个体受到自己所喜爱的群体或尊敬的对象的影响,在态度或行为上发生改变的现象。认同的前提是他人值得效仿,个体期望通过其态度或行为的改变获得群体的认同,或者与其建立某种联系来拉近彼此的距离(肖璇,2016),这种联系对他们而言就是一种奖励(高美娟,2015;Kelman,1958)。

内化指的是个体接受该社会信息是因为该信息与其自身价值系统相一致;或者接受他人或群体设定的规范,是因为这个规范对他们本质上是有好处的,因此个体无论是在行为上还是态度上都认可这个规范。个体相信他人的选择是正确的、有道理的。在内化的机制下,个体接受社会影响可能是因为该额外的信息具有权威性,能帮助个体更好地解决问题或者是个体内在价值所需求的(Kelman,1958)。个体不仅仅参考了他人的行为,还通过思考和加工将这个观念内化为自己的偏好(Huang et al.,2014;Nook & Zaki,2015),在无其他因素干扰的情况下该偏好能持续保持。

根据 Kelman(1961)的解释,上述三种过程存在一个共同点:遵循社会影响会被视作一种奖励。但是这三种社会影响过程根据个体动机不同,存在不同的前因和结果变量。

Burnkrant等(1975)认为,Kelman 所述社会影响的三个过程与 Decutsch 对社会影响的分类是相互匹配的。顺从是因为个体期望被所在群体接纳或避免被其排斥,认同则是当个体从属于某个群体时接受群体内他人的意见。因此顺从和认同可以归纳为规范类社会影响的作用过程。内化则是个体认为所呈现的刺激与个人自身价值体系相符合,能帮助自己更好地决策。因此内化对应于信息类社会影响的作用过程。

在消费者购买决策的研究中,有学者提出,社会影响可以分为三种类型的影响因素:一为功利因素,对应的是个体在顺从时为了避免惩罚或为了获得奖励的行为;二为价值发现因素,指的是个体在认同时会在坚持自己的基础上,去学习和模仿他人的信息;三为信息因素,指个体在内化过程中将不同的信息相互整合从而指导自己做出更好的判断(滕越,2013;Bearden et al.,1989)。此外,社会影响的这三种过程并不是相互独立的,而是可以共存的。

社会影响程度

从众行为是社会影响作用结果最重要的一个表现形式（Myers, 2013），而且在大多数研究中描述社会影响的作用程度均通过接受社会影响个体的从众行为表现来表征（Cialdini & Goldstein, 2004；Huang et al., 2014；Klucharev et al., 2009；Klucharev et al., 2011；Latané, 1981；Nook & Zaki, 2015；Templeton et al., 2016；Zaki et al., 2011；Zubarev et al., 2017）。随着社会影响理论的发展，研究者构建了描述社会影响作用程度的模型，找到了影响社会影响作用程度的因素。

1. 描述社会影响作用程度的模型

Latané在1981年对社会影响理论进行了拓展，他将社会影响看作一个源头，探究这个源头是如何发散、传播和产生影响的，并以此对社会影响的作用程度进行了探讨（见图4.1）。他提出了社会影响（群体对个体的影响，个体对群体的影响）作用的三条原理，并通过十个应用场景证明了这三条原理的正确性。

首先，Latané认为在社会影响中起决定性作用的因素有重要性（S, Strength），接近性（I, Immediacy）和他人的数量（N, Number of people involved）。S指的是施加社会影响的个体、群体的重要性，影响着社会影响对个体的作用强度；I指的是施加社会影响的个体、群体与个体在空间和时间上的接近程度，距离越近，对个体的影响就越大；N指的是施加社会影响的群体规模程度。

其次,Latané认为社会影响是一个服从幂律分布(Power-Law分布)的函数,即$I = sN^t$,该函数强调了社会影响与群体规模的关系,社会影响(I)的大小受到群体规模(N)的作用。随着群体人数增加,每个人的影响力逐渐降低,满足边际影响递减的规则。Latané利用该模型对一些从众和模仿行为的数据进行分析,发现比传统的线性模型能更好地刻画人群的从众行为(Gerard et al.,1968;Latané & Nida,1981)。

最后,Latané的社会影响理论不仅能够用于解释群体如何作用于个体,也能描述个体行为如何作用于群体。针对后者,Latané提出的模型是$F = sN^{-t}$,也就是当群体规模越大的时候,影响就越会被分散掉。

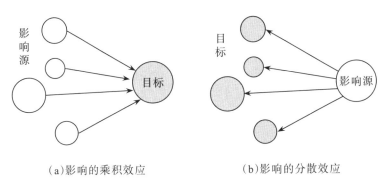

(a)影响的乘积效应　　　　　(b)影响的分散效应

图4.1　社会影响的作用程度

[图片来源:根据Latané,B.The psychology of social impact.*American Psychologist*,1981,36(4),343-356.整理]

另外,研究发现个体受到社会影响的作用并不是即刻消失的,而是可以持续一段时间的。Huang等(2014)研究发现个体受到的社会影响,不仅在10分钟之后存在效应,在三天之后,仍旧能发现社会影响的作用。在考察社会影响对个体食物偏好的作用的研究中,有学者发现个体会趋同于他人的偏好打分来改变自己对食物的偏好,这样的现象在三天后依然存在,但是在一星期之后消失了(Templeton et al.,2016)。

2. 影响社会影响作用程度的因素

影响社会影响作用程度的因素有很多。社会影响是引起个体行为改变的过程,存在施加社会影响的影响源和承受社会影响的接受者,接下来我们分别从影响源和接受者这两方面来阐述影响社会影响作用程度的因素。

(1)影响源:施加社会影响的群体特性

社会影响产生作用的强弱和施加社会影响的群体(影响源)特性有关。当施加社会影响的群体达到一定规模,群体内部的一致性越高以及当个体与该群体联系越紧密时,那么群体所表现出来的行为或所提供的信息对个体的影响越大,发生从众行为的可能性也就越大(魏真瑜,2017)。

对于群体规模来讲,并不是规模越大对个体行为的影响越大。当群体内成员的数量达到一定的阈值的时候,影响的作用增加便减少。Asch(1955)的从众行为研究表明,当产生影响的群体是3~5个人的时候会比1~2人时效果更加明显。当人数增加到5个人及以上的时候,群体规模的作用趋于稳定,从众行为的增加变得不再明显(Gerard et al.,1968;Milgram et al.,1969;Rosenberg,1961)。在对韩国P2P借贷平台的数据进行分析后,也发现虽然随着对某款项投资人数的增加会提高投资者对该项目的投资意愿,但是这种效应是递减的,当投资人数达到一定阈值的时候,新增加的投资人数就没有之前那么明显了(Lee & Lee,2012)。

　　除了群体规模以外,群体内传递出信息的一致性也会影响社会影响的作用。当所提供信息的一致性越低的时候,就越难以被人信服,个体不知道到底哪个信息才是正确的;而当群体提供信息的一致性很高的时候,个体更容易判断出群体的规范或者群体所倡导的行为,同时具有更强的说服力,所以对个体的影响会更大。Burnkrant 和 Cousineau(1975)在消费者决策情境中探究了群组内信息一致性的作用。在实验中被试需要对同一款咖啡进行美味程度的打分,在打分前被试会看到前面的16 个人的打分情况。实验中被试会被随机分配到高一致性组或低一致性组。在高一致性组中,大部分人打分都很集中;在低一致性组,平均数相同,但是打分更加分散。研究结果表明,相比于低一致性组,在高一致性组社会影响的作用更大,从众行为更显著。

　　个体与施加社会影响群体的社会距离也是影响社会影响作用程度的一个因素,由内群体提供的信息的影响会大于外群体提供的信息。个体对该群体的归属感越强时,该群体规范或者他人的行为对个体的作用也越大(Crandall,1988)。当跟自己类似的人喜欢某段音乐的时候,个体也会更加喜欢这个曲子;但跟自己不相似的人喜欢某段音乐的时候,个体则会更加讨厌这个曲子(Kulik & Christenfeld,2006)。当目睹本校的人员做出欺骗行为之后,个体在实验中也会出现更多的欺骗行为;而当目睹其他学校人员的欺骗行为后,个体在实验中则会变得更加诚实(Gino et al.,2009)。

(2)接受者:受到社会影响的个体特性

不同的个体因其生长的环境、文化背景、性格的不同,导致受到社会影响的程度也会不同。

文化差异会影响个体对社会影响的态度。相比于个人主义国家,集体主义国家的人更容易受到他人影响(Cialdini & Goldstein,2004)。Kim 和 Markus(1999)招募东亚人和美国人一起参与了一项选择实验。实验的任务是让被试从两组不同颜色的笔中挑选一支,同时会告知被试前人的选择情况。实验结果表明,东方人会选择大多数人选择的颜色,而西方人却更倾向于选择与众不同的颜色。因为在东方人的观念里不从众代表着不合群,比如在日本,与他人保持一致表征的是自律、宽容和成熟(Markus & Kitayama,1994;Myers,2013)。但是在西方个人主义文化中,从众往往带有贬义的色彩,特立独行被视为正常且值得骄傲的事情。Li 和 Su(2007)在一项消费决策的研究中发现,中国消费者比美国消费者更容易受到群体的影响。所以文化背景的差异会影响个体如何看待和吸纳社会影响,从而影响他们随后的行为。

个体所处的社会地位也会影响个体对社会影响的态度。在 Milgram(1974)的电击实验中发现,社会地位低的人比社会地位高的人更愿意服从研究者的命令。这是因为社会地位低的人往往认为自己的行为并没有太大的影响力,从而会比团体中高地位的人更加服从于他们的群体(Jetten et al.,2006;Milgram,1974;Myers,2013)。

个体决策时的心理状态也会影响个体对社会影响的态度
(Baddeley et al.,2012)。如处于正性情绪的个体会倾向于对信
息进行启发式加工,从而更容易做出从众行为(Tong et al.,
2010)。谢晔和周军(2013)研究了情绪对投资者在股票市场决
策过程中的从众行为的影响。实验结果表明,当投资者处于正
性情绪时更容易出现跟风追涨行为;而当投资者处于负性情绪
时,则更容易出现跟风追跌行为。此外,有研究发现,如果个体
的情绪非常容易受到干扰,那么他就会很容易受到他人的影响
(Baddeley,2010;Elster,1996)。决策时的信心也会影响个体受
到社会影响作用的程度(De Martino et al.,2017;De Martino
et al.,2013;Park et al.,2017)。在一项以亚马逊在线购物为情
景的研究中,研究者发现与初始信心高的情况相比,在初始决
策信心低的时候消费者会更加依赖于他人对产品的评价,同时
对产品的偏好评分会更加趋同于他人对产品的平均评价(De
Martino et al.,2017)。

第5章　社会影响下的从众行为研究

社会影响作用于我们生活的方方面面，人们在决策中很容易受到他人行为的影响而进行模仿。最常见的一个行为就是打哈欠，当个体观察到他人打哈欠的行为后会不自觉地打哈欠。这是在不包含任何其他的信息因素下，人们自发的模仿行为。Provine(2005)让参与者分别观看5分钟的视频(一段视频中一个男子在不断地打哈欠，另一段视频中一个男子在不停地微笑)。实验结果表明，打哈欠是会"传染"的，观看哈欠视频组的参与者有55%的人都打哈欠了，而观看微笑视频组的人只有21%表现出了打哈欠的行为。还有研究表明，即使在观察打哈欠的照片，或是只有打哈欠局部面孔照片呈现的时候，都会引起个体打哈欠的行为(Myers,2013)。又比如说当大家观察到他人在奔跑的时候，也会随之奔跑。Wang等(2016)改进了已有的社会力模型，解读了在突发事件下，社会影响对个体疏散过程中的重要影响，可视化地呈现了个体在疏散过程中的从众行为。

从众行为

个体对社会影响的行为响应,大部分研究都落脚在从众行为上。在营销领域,Lascu 和 Zinkhan(1999)将从众定义为消费者在他人的产品评价、购买意愿或购买行为影响下,改变了自己对产品的评价、购买意愿和购买行为。在金融领域,Scharfstein 和 Stein(1990)认为从众行为(羊群行为)是在投资者违背了贝叶斯理性人的后验分布法则情况下发生的,投资者将更倾向于模仿其他人的行为,而忽略了私有信息。

社会影响是引起个体从众行为的重要原因(Myers,2013)。根据社会影响的分类,相应的从众行为也可以分为两类:一类是信息类社会影响(informational influence)引起的信息类的从众;另一类是规范类社会影响(normative influence)引起的规范类的从众(Cialdini & Goldstein, 2004; Deutsch & Gerard, 1955)。正如上文所述,不同类型的社会影响动机不同,故引起这两类从众行为的动机也不同。信息类从众是因为个体希望得到更加精确和可靠的信息,而规范类的从众是希望得到他人的认可,按照他人的意愿做事。

1. 规范类从众

规范类的社会影响更容易引起的从众行为是顺从和认同。顺从的一种特殊表现形式为服从,当他人的意见或建议是以命令的形式出现的时候,那么引起的行为即为服从(Milgram, 1974;Myers,2013)。Milgram(1974)的服从系列实验是社会心理学界极具争议的实验室实验之一。该实验中,被试扮演"教师"的角色和另一个参与者(扮演"学生"的角色)共同完成单词记忆任务。当"学生"回答错误时,"教师"需要按照研究者的要求对"学生"进行电击,每回答错误一次,电击的电压上升一个水平;同样他们也可以随时终止实验。虽然研究者事先对三个群体100多个人询问该情境下他们会怎么做,测量结果表明没有人愿意增加到高危致命挡去惩罚别人,也不希望他人这么做,但是出乎意料的是实验中竟然有65%的人一直进行到了最高的电压(高危致命挡)。在Milgram的电击实验中,"教师"会听到"学生"因受到电击而发出的痛苦呻吟,说明被试明知道自己所做的事情会危害到他人的安全,但还是会服从研究者的命令。

社会规范的存在,避免了一系列的不合作行为的产生。个体知道,自己不合作便会被团队中的其他成员惩罚,而合作则会得到更多的奖励(Fehr & Fischbacher,2004)。当一个人认为给慈善事业捐钱是一种社会规范的时候,他会更加愿意捐赠自己的所得(Alpizar et al.,2008;Smith et al.,2015;Stallen & Sanfey,2015)。

规范类的社会影响也会存在负性的作用,如导致青少年对吸烟的模仿行为。Liu等(2017)通过对包含16个国家的结果的75个研究的元分析,发现同伴是否吸烟对个体吸烟行为的预测能力会比当地烟草的销售数量的预测能力更好,说明社会规范在诱导青少年进行吸烟行为中起到了重要作用。规范类的社会影响也会影响个体的饮食行为。当个体和他人一起进食时会受到更多社会规范的约束,也会更容易受到他人饮食偏好的影响(Higgs & Thomas,2016)。

一些对规范类社会影响作用机制的研究都会采用颜值判断范式(见图5.1)(Toelch & Dolan,2015)。在该任务中,个体需要对不同的人脸照片进行颜值判断,实验共分为两个判断阶段进行。第一阶段是个体独立对照片的颜值打分,随后呈现他人颜值判断的打分情况,第二阶段再次让个体对这些照片进行颜值打分。在该范式中,他人的行为选择(即打分情况)作为社会影响信息的表征,而且在任务开始之前会给被试灌输"大部分的人选择是更为明智的选择"观念。在这些研究中,都发现了个体会跟随大众的打分而改变自己的打分(Huang et al.,2014;Klucharev et al.,2009;Klucharev et al.,2011;Shestakova et al.,2012;Zubarev et al.,2017)。

人脸照片进行颜值评分(评分阶段1)　　显示大众的平均颜值评分(反馈阶段)　　再次对人脸照片进行颜值评分(评分阶段2)

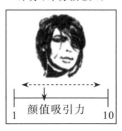

图5.1　实验范式:颜值判断范式

[图片来源:Toelch, U. & Dolan, R. J. Informational and normative influences in conformity from a neurocomputational perspective. *Trends Cognitive Sciences*,2015,19(10),579-589.]

规范类从众主要是受到社会规范的约束,个体在决策中表现出迎合群体的行为,为的是避免惩罚或者获得奖励。

2. 信息类从众

信息类社会影响引起的从众更多的是一种内化行为。即使是错误信息,很多人也会选择盲目跟从(Edelson et al.,2011;Edelson et al.,2014;Izuma,2013;Stallen & Sanfey,2015)。较为经典的从众实验为 Asch(1955)的线段判断实验(见图 5.2)。在该任务中,参与者需要判断三条线段中哪条和标准线段长度相同。当人们自己独立判断的时候,99%的情况下都会回答正确。而当参与者看到前面连续五个被试的错误选择之后,37%的情况下参与者选择了与前者相同的错误答案。在 Asch 的实验中,被试做出了与他人一致的选择,即使是错误的。这其中一个可能的解释认为参与者的从众行为是由于其他五个被试在场的社会压力所引起的。但是在 Deutsch 和 Gerard(1955)的实验中,将被试和其他人隔离开,依旧发现了与 Asch 实验中一致的结果。在这种情况下,社会压力并不存在,而只有他人的选择信息,所以此时主要是信息类社会影响在起作用(Toelch & Dolan,2015)。Shiller 对 Asch 实验中被试的行为做出了解释:一个理性的被试首先会假设这个问题很简单,一个人回答错误的概率很低,那么当大家回答一样又是错误答案的这种情况出现的概率会非常小,这种小概率事件基本不会发生。所以一旦出现这种情况,一个理性的人会去选择相信大多数人的选择,而不是相信自己的选择(Shiller,1995)。

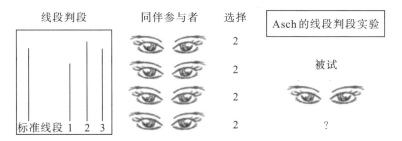

图 5.2 实验范式:Asch 的线段判断

[图片来源: Toelch, U. & Dolan, R. J. Informational and normative influences in conformity from a neurocomputational perspective. *Trends Cognitive Sciences*, 2015, 19(10), 579-589.]

在消费决策中,人们也喜欢通过观察学习社会信息(他人的选择)来帮助自己做出判断。Cai 等(2009)在餐馆里进行了一项田野调查来研究人们的观察学习行为。他们的结果表明,当告诉顾客五个最受欢迎的菜肴后,顾客对这些菜肴的需求量增加了 13% 到 20%,这样的效果对那些不常来的顾客尤为明显。一个顾客在不知道书籍的质量的情况下,会选择购买网络上的畅销书(Chen & Wang, 2010);而在选择音乐的时候也更有可能选择下载点击量最高的歌曲(Berns et al., 2010)。

在金融决策中,也有研究发现了个体会通过观察他人的选择来指导自己投资的行为(吴佳哲,2015; Berkovich, 2011a, b; Cai et al., 2009; Lee & Lee, 2012; Yum et al., 2012; Zhang & Chen, 2017)。当一个项目投资进度越快时,投资者越容易对该项目进行投资(Herzenstein et al., 2011a)。当投资者看到大家都在购买某只股票时,也会选择购买该股票;反之当大家都在抛售时,投资者会选择不购买(Wang et al., 2017a)。投资者认为通过观察他人的选择能更好地帮助自己进行投资决策,因为他们会觉得其他人可能知道更多有价值的信息(Lee & Lee,2012)。

信息类的从众主要是受到他人行为的影响。个体在决策过程中,通过观察他人的行为来帮助自己做出判断,从而产生了从众的行为。

第6章 社会影响下的网络投资决策研究

从众行为是社会影响在金融决策中的典型表现,也是金融市场上普遍存在的一种行为。从众行为最早的雏形为Keynes(1930)的选美理论:个体需要从众多美女中选择出选美比赛的冠军,谁能选中冠军则会获得大奖。在这种情况下,大家并不会选择自己认为最美的人,而会选择大家普遍会选择的人。Keynes认为金融投资和选美比赛一样,选择金融产品的时候,投资者会选择大家普遍认为能赚到钱的产品。

早期对于金融市场从众行为的研究多集中于股票市场。投资者的有限理性使得在金融市场中容易出现从众行为。研究者认为金融市场的从众行为有两种驱动模式:信息驱动(Hirshleifer & Teoh, 2003)和行为驱动(Hsieh, 2013)。信息驱动指的是投资者拥有相同的信息,处于类似的情境,因此采取了相似的行动。行为驱动则是由于信息不对称等原因,使得个体会通过观察他人的行为来帮助自己做出决策(Bikhchandani et al., 1992)。

随着互联网的发展，逐渐产生了在线金融市场，越来越多的人在互联网上进行交易、投资，出现了类似P2P借贷这样的互联网金融产品。在互联网金融环境中，由于投资者在交易过程中所掌握的信息有限，很难根据现有信息做出非常精确的判断，此时其他投资者的选择对投资者来说有非常重要的借鉴作用，因此在网络金融交易过程中，投资者同样会受到社会影响的作用。研究发现，在网络交易中，社会规范是影响个体决策的重要因素，是产生从众行为的重要社会基础（Chen & Wang，2010）。同样，信息是个体进行有效决策的重要保证，是影响交易的关键因素（陈冬宇等，2012）。

规范类社会影响下的网络投资决策

规范类的社会影响是影响个体投资行为的一个因素。在部分网络借贷平台上，交易过程中存在着交易网络和群组等社会关系，这种基于关系形成的社会规范会制约投资者的行为（Akerlof & Kranton，2000）。人们通过遵从社会规范，实现对自身所属群组的认同（Tajfel & Turner，1979）。Galak等（2011）对借贷平台Kiva的二手数据进行挖掘，将投资者和借款人的姓名、职业、性别等均作为分析的因素进行考虑，发现投资者在交易过程中，会更加偏好于与自己有着相同性别、职业和类似姓名的借款人，并会更加快速地做出投资决定。因为他们会将与自己具有相似或共同属性的个体视为相同的群体，并建立更强的联系，所以会更加倾向于对这些借款人进行投资。

Liu等(2015)通过对网络借贷平台上的个体之间的关系分类,考虑不同亲密程度的朋友关系对网络借贷中从众行为的作用。结果发现,线下关系越亲密的朋友在网络上的投资行为对个体的影响越大,所引起的从众行为更明显,但是线上关系越亲密的朋友,所引起的从众行为反而一般,甚至比线下关系一般的朋友的作用还弱。另外有研究发现,当借款人和投资者属于同一个群组时,会更容易获得投资者的青睐从而获得投资,因为投资者认为群组的规范会约束借款人的行为,敦促他们遵守约定(Herzenstein et al.,2011b)。因此,当一个借款人拥有群组的背书,或群组里的人对该款项进行投资时,则投资者会更容易对同一款项进行投资(Lin et al.,2013)。

信息类社会影响下的网络投资决策

信息类社会影响,是个体通过观察他人的行为选择而做出行为响应的过程。由于网络投资平台提供的信息有限,有时候并不能帮助投资者对投资项目和筹款方的优劣做出有效的判断。因此,很多投资者在做决策的时候具有很强的不确定性(Brynjolfsson & Smith,2000)。尤其是对新手投资者来说,在投资决策过程中更有可能经历高度不确定性,投资信心低。研究发现,网络投资者,尤其是新手会受到他人的投资行为影响(Lee & Lee,2012)。

近年来,很多研究者通过对网络交易平台上的二手数据挖掘,建立模型,发现了网络投资中信息类社会影响的作用,即从众行为的存在。

Berkovich(2011b)基于 Prosper 数据的分析,最早发现在借贷市场存在从众行为。Herzenstein 等(2011a)同样对 Prosper 的数据进行挖掘,发现在竞拍式的借款中,当一个款项有更多的投标者时,更容易获得新的投标。而当超过满标时,投标者的从众行为会减弱。Lee 和 Lee(2012)通过分析韩国借贷网站 Popfunding 上的数据,也发现了很强的从众行为。吴佳哲(2015)通过分析 Kiva 平台上借款项目的筹款进度和市场份额来检验该平台上投资者是否存在从众行为,结果显示确实存在明显的从众行为。但是上述研究并没有揭示引起从众行为的原因。

随着研究的深入,有学者开始关注网络投资中个体的从众行为是理性的还是非理性的问题。有研究认为,网络借贷中的从众行为是非理性的,很多投资者并未综合考虑所投资项目的风险和收益,而是单纯地跟从别人进行投资(Shen et al., 2010)。但是也有研究找到了理性从众的证据。Zhang(2012)发表在 *Management Science* 上的文章试图区分在网络借贷中的理性的和非理性的从众行为。他们通过对 Prosper 的数据分析发现,投资者会对他人的投资行为进行观察学习,然后推断借款人的可信任(Creditworthiness)程度,进而做出自己的投资决策。在他们的结果中,对于一些较低信用等级的项目,投资者的从众行为会更加明显。作者认为,投资者认为之所以其他投资者会借款给这个项目,源于其他投资者知道更多额外的有价值的信息,因此推断此借款人实际上的信用等级要比网站上所描述的高,故投资者会进行投资。但是借款项目的其他正面信息,如朋友的背书等却会减弱从众行为。此时投资者认为其他投资者之所以会投资是因为他们看到了这些朋友背书等正面信息,而不是因为私下获得了更多额外的信息,所以在这种情况下不会跟随他人的投资行为(冯博等,2017;Zhang & Liu,2012)。综上,Zhang等认为从众行为是经过理性思考后的理性行为。

Zhang和Chen(2017)在网络借贷的研究中加入了自动投标和手动投标的情境,以小时为单位来进行筹款进度数据的收集和分析,结果发现在人人贷市场上,同时存在理性的和非理性的从众行为。

廖里等(2015)同样分析了人人贷的数据,并通过基于投资者个体选择的市场份额模型,检验了我国网络借贷过程中的从众行为及背后的机制。研究发现,在高风险的订单中会表现出更明显的从众行为。另外,在信息不对称越高的情况下,从众行为初期会非常明显,但同时也会更快消失。他们认为从众行为的产生是基于信息发现的机制,也就是投资者表现出来的是理性的从众行为。

目前,对于网络投资中投资者的从众行为到底是理性的还是非理性的还没有统一的结论,投资者产生从众行为的原因也未得到深入的阐述和挖掘。此外,上述研究都是基于二手数据挖掘的实证研究,因此采用更加多元化的研究手段和技术来对投资者的从众行为进行探究,能帮助我们更加深入地了解投资者决策过程中的行为机制,是一个非常重要的研究问题。

第三部分　社会影响在个体
　　　　　投资决策中的认
　　　　　知作用机理

第7章　信息过滤与投资决策[①]

传统研究认为,信息提高决策有效性的根本原因在于它可以消除不确定性(Citroen,2010)。人们会综合已有信息和新增信息,通过分析评估信息的动态变化来做出决策(Maes,1994)。比如,我们会根据近期股价的动态变化来决定买卖;同样,我们会根据上一阶段的销售额以及现阶段的库存来制定该商品当前的进货量。

虽然基于互联网的信息共享使我们可以便捷地得到所需要的信息,但在面对海量信息时,信息数量过大也会给我们的选择造成困扰,信息过载会使得我们的处理能力降低,从而降低决策的效率(Galbraith,2010;Tushman & Nadler,1978)。如在网上进行投资决策时,我们一方面希望金融商品有更多的相关信息呈现,以便于选购到适合的产品;但另一方面,我们也容易被大量金融商品信息所困扰而变得举棋不定。因此在现实决策中,我们常常需要通过各种方法来进行信息过滤,排除冗余信息的干扰,从而做出可靠的决策。但随着信息的过滤,即

---

① 本章部分内容发表在《管理工程学报》2016年第30卷第1期。

信息数量的不断减少,又可能出现因被选项相似而导致的选择焦虑(Payne,1976)。例如经过一段时间的信息筛选,投资者很容易将自己的投资目标锁定在几个投资项目之间,而这些备选项目往往各有利弊,使得投资者难以抉择。因此在过滤掉过多的信息之后,有的选择反而效率更低。

网络投资决策中的社会影响,更多的是投资者根据其他投资者的选择行为来进行信息筛选的一个过程。但在说明信息类社会影响的作用机制之前,我们先来看看单纯的信息及信息过滤如何影响我们的投资决策。个体在不同信息数量情景下的投资决策行为到底如何?其背后的认知机制怎样?该如何调用个体认知资源去提高决策效率?

因此,我们的一项脑电实验,设计了一个掩牌博弈的投资游戏,通过不断掩牌来逐步过滤决策信息,从而研究不同信息量下个体决策的认知机制,并尝试用行为和脑电数据来揭示这种机制特征,以期来回答以上这些问题。

研究设计

(1)被试

本研究选择了18位(10位男性和8位女性)健康的大学生作为有偿被试,均为右利手,年龄为18~27岁(平均年龄为22.17岁,$SD=2.1$),专业分布广泛,所有被试视力或者矫正视力正常,且没有精神病或精神病史。同时,被试均在实验前签署了相关的实验流程确认书以及被试知情书,明确了解实验框架并进行了预实验来熟悉相应实验流程。

（2）实验设计

实验采用美国心理学软件公司的 E-prime 软件进行编程处理,刺激材料呈现在电脑屏幕的中央,被试距离屏幕 70cm,水平视角和垂直视角分别为 2.58° 和 2.4°。实验设计中用到的所有刺激图片都采用 PowerPoint 和 Photoshop 软件进行统一处理,尺寸均为 200 像素×150 像素,亮度与对比度统一。

本实验设计了一个掩牌式的投资游戏。每次实验由 4 个单元组成,每个单元有 40 轮试次,每单元结束后被试有一段休息时间。每个试次中有 2 次决策,在实验开始时先有 500ms 的"+"提示被试该轮决策已开始,然后屏幕呈现八张带数字的纸牌(持续 1000ms),牌面数值为:10,20,30,40,50,60,70,80。之后,系统随机掩盖掉三张纸牌,剩下五张可观察牌面值的纸牌,此时画面会停留 1500ms 以确保决策者能完全了解五张牌面所呈现的信息。随后出现选择提示图片,最多持续 4000ms,接着,系统呈现出一个确定收益,被试需要在此段时间内完成第一次决策:选择拿走相应的收益结束此次游戏(保守投资),或选择继续游戏(冒险投资)。若被试继续游戏,系统再次随机掩去三张牌,剩下两张确定值的纸牌,此时被试仍然可以选择拿走系统给出的一个确定收益结束游戏(保守投资);或者选择继续游戏(冒险投资),最终随机得到剩下两张牌中一张牌的牌面值结束游戏。每张图片的呈现时间与上一轮决策一致。实验具体流程及时间安排如图 7.1 所示。实验最后将随机抽取 160 轮试次中某一次的收益作为被试的最终收益。

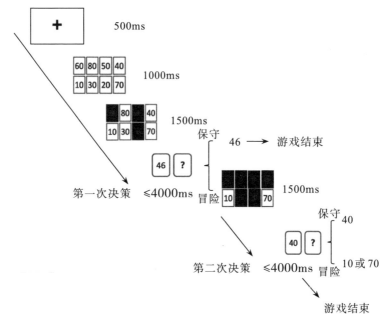

图7.1 实验流程及时间安排

实验结果

(1)行为数据

风险参与率在一定程度上代表了被试对当前投资决策风险的认知和偏好。我们定义风险参与率＝冒险投资/(冒险投资＋保守投资)×100%。

第一阶段被试的风险参与率($M＝77.27\%$,$SD＝18.35\%$)大于信息过滤后的第二阶段风险参与率($M＝63.79\%$,$SD＝16.45\%$)。配对样本t检验(independent-sample T test)表明,两阶段风险参与率有显著差异($t＝5.027$,$P＝0.000＜0.05$),即信息过滤后第二

次决策的风险参与率显著小于信息过滤前第一次决策的风险参
与率。

（2）脑电数据

①P2

P2成分是指出现在约150~250ms的一个正成分，一般分布
在前额（Yuan，et al.，2007）。本研究通过选定位于前额中央区
域的F3，Fz，F4，FC3，FCz，FC4这6个电极点作为分析位置，针
对额中央联合区P2成分做2（决策阶段，即信息过滤前第一次决
策和信息过滤后第二次决策）×6（电极，即F3，Fz，F4，FC3，
FCz，FC4）的重复性方差分析。结果显示决策阶段有显著的主
效应，$F_{(1,17)}=4.946$，$P=0.019<0.05$；电极具有显著的主效应，
$F_{(5,85)}=16.061$，$P=0.000<0.05$；决策类型与电极的交互效应存
在，$F_{(5,85)}=8.256$，$P=0.000<0.05$。配对比较分析显示，第二次
决策时P2的振幅（$M=7.005$，$SD=0.852$）显著大于第一次（$M=5.377$，$SD=0.529$），其波形图如图7.2所示。

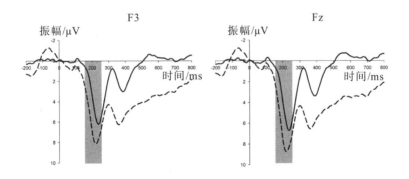

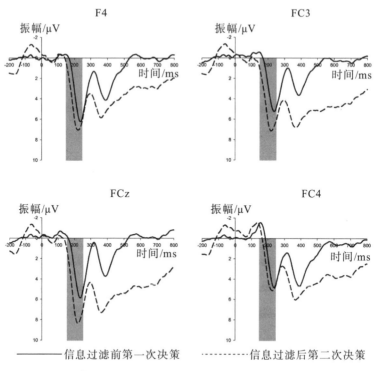

图 7.2 信息过滤前、后信息的 P2 成分电极点的平均波形图

②ERN

ERN 成分是在 0~50ms 区间内一个非常明显的负成分,主要分布在前额区。我们选取前额中线两侧 6 个点(F3,Fz,F4,FC3,FCz,FC4)作为统计分析的代表点位。针对 ERN 成分做 2(决策阶段,即信息过滤前和信息过滤后)×6(电极,即 F3,F4,Fz,FC3,FC4,FCz)的重复性方差分析。结果显示决策类型有显著的主效应,$F_{(1,17)}=5.042$,$P=0.038<0.05$;电极具有显著的主效应,$F_{(5,85)}=17.138$,$P=0.000<0.001$;决策阶段与电极的交互效应不存在,$F_{(5,85)}=1.266$,$P=0.286>0.05$。第一次决策的

ERN 振幅($M=-2.616$, $SD=0.562$)显著小于第二次决策的
ERN 振幅($M=-3.906$, $SD=0.505$),其波形图如图 7.3 所示。

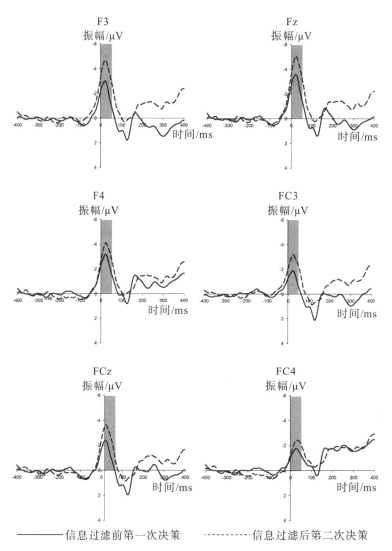

图 7.3 信息过滤前、后决策的 ERN 成分电极点的平均波形图

以往研究表明,ERN与风险感知和冒险行为有关(Yasuda, et al., 2004),因此,进一步对信息过滤前、后的冒险决策进行比较分析。针对ERN成分做2(决策类型,即信息过滤前冒险和信息过滤后冒险)×6(电极,即F3,F4,Fz,FC3,FC4,FCz)的重复性方差分析。结果显示 $F_{(1,17)}=6.869$,$P=0.018<0.05$;电极具有显著的主效应,$F_{(5,85)}=20.149$,$P=0.000<0.05$;决策阶段与电极的交互效应显著,$F_{(5,85)}=2.702$,$P=0.026<0.05$。第一次决策冒险的ERN振幅($M=-2.258$,$SD=0.483$)显著小于第二次决策冒险的ERN振幅($M=-3.897$,$SD=0.574$),其波形图如图7.4所示。

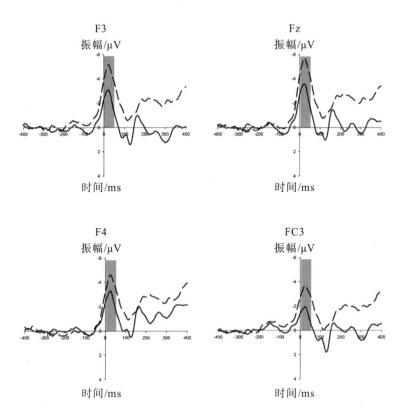

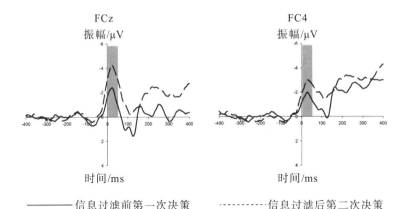

—————信息过滤前第一次决策   ·········信息过滤后第二次决策

图7.4 信息过滤前、后冒险决策的ERN成分电极点的平均波形图

研究讨论

在日常决策中,信息的多少对我们的决策判断和效率起着非常重要的作用。本章所讲述的研究设计了在一个不同信息数量下的投资游戏,要求被试在信息过滤前、后来决定是否继续投资,实验结果表明当决策信息过滤到更小的范围时,决策者的风险参与率更低,脑电成分P2的振幅更大,同时,诱发更大的ERN。

已有研究表明,P2的振幅与个体注意力资源的分配有关。Huang和Luo(2006)研究发现P2的振幅反映了无意识的注意力资源分配。Mercado(2006)进一步揭示P2波幅会随着决策者投入注意力资源的增多而增大。反之,决策中调用的注意力资源越少,引发的P2波幅越小(Yuan,et al.,2007);同时,也有研究证实P2成分反映了决策者对不确定性的感知。不确定性任务产生的P2波幅显著大于确定性任务产生的P2波幅,而两个具

有不同风险的不确定性决策之间的 P2 波幅却没有显著差异
(Polezzi,et al.,2008)。但后续研究发现,P2 的波幅会随着决策
风险的提高而增大(邱梅,2012;Qin & Han,2009)。另一方面,
P2 成分的激活也反映了被试对信息属性及重要程度的预判。
当信息选项多时,个体启用系统 1,采取非补偿性策略进行认知
加工。此时,占用的认知资源少(Steel,1980),P2 波幅也小。而
当个体启用系统 2 时,就需要调用较多的认知资源,此时 P2 波
幅就会变大。

在本实验的第一次决策中,决策者面对五张牌的信息量,
被告知应在限定的时间内了解这些信息并做出投资还是选择
固定收益的决策,否则此次决策无效。当个体面对的信息量大
而且存在时间压力的情况下,决策者会处于信息过载的状态
(Galbraith,2010;Tushman & Nadler,1978),其决策质量会受到
影响(Schick & Haka,1990)。由于在短时间内决策者无法认
真思考比较冒险投资还是获得固定收益两个选项之间的所有
信息,计算均值的困难使得决策者更倾向于采用直觉的非补偿
性策略去判断。按照这种策略,决策者只关注自己认为的几个
重要的部分(比如当前最大值、最小值和给定值的大小关系),
缺乏计算的动机和能力。当动机和能力较低时,决策者启动系
统 1,选择非补偿性策略去思考,此时大脑所调用的认知资源
少。因此在第一次决策中引起的 P2 波幅小。

而在第二次决策中,当信息过滤到两张牌时,由于接收到
的信息减少到三个数值的比较,决策者有能力仔细权衡继续冒
险投资和直接获得给定金额收益之间的收益大小。此时会采

用补偿性策略,综合期望值、方差等属性以及前一次决策信息来思考,该加工过程需要依赖于认知努力的系统2来完成,这需要占用很多的认知资源(Kahneman,2003;Gilovich&Kahneman,2002),因此引发了更大的P2。由此可见,在信息过滤前后,个体在信息加工时引发的P2有显著差异,表现出个体在两种情境下的不同认知过程。在面对大量信息时,决策者倾向于采用非补偿性策略,调用较少的认知资源;在信息过滤后,决策者倾向于采用补偿性策略,此时所需要的认知资源增加。

此外,从整体来看,信息过滤后的ERN振幅显著大于信息过滤之前。在第一次决策时,决策者处于时间压力状态,决策时倾向于采用非补偿性策略进行直觉判断,不足以调用足够的认知资源进行风险分析。此时,决策者更多地是追求速度,ERN波幅小(Gehring,et al.,1993)。而第二次决策时,决策者有足够的时间对各个选择方案的风险进行甄别,此时追求的是准确率,因此ERN的波幅大(Gehring,et al.,1993)。

ERN是一种错误相关负波,体现了个体对错误的察觉。Hewig等(2008)将21点游戏场景纳入实验,考察了预期收益和ERN的关系,发现对结果的预期与风险相关(Hewig,et al.,2007),且对结果预期的不同会引起不同振幅的ERN,即感知风险越大,引发的ERN振幅越强(Hewig,et al.,2008)。Yasuda等(2004)探究了ERN与冒险行为的联系。他们通过一个猜牌的连续实验,研究表明了如果某一行为引发的ERN振幅更大,那么被试在之后的实验中就会更多地规避这种行为。Gehring等人(1993)的研究发现,当要求决策者主要关注正确率时,ERN

的波幅增大,而当要求决策者牺牲正确率追求速度时,ERN波幅减小。可见,ERN与风险感知和冒险行为有关,感知到的风险越大,产生的ERN振幅越大。ERN也与决策时追求的目标有关(赵仑,2010),系统1工作时,其快速的启发式决策方式会比系统2追求正确率的方式引发更小的ERN振幅。

然而,行动选择阶段的ERN和决策的策略类型有关,信息过滤前和过滤后信息量的不同,决策者感知的风险也不相同。在本实验中,信息过滤前、后冒险决策ERN的波幅有显著差异,过滤后冒险的ERN显著大于过滤前冒险的ERN,这说明在信息过滤后决策者感受到了更强烈的风险冲突。因为信息过滤到两张牌之后,剩余信息很明确,决策者会更清楚地感知到虽然有一半的概率拿到超过预期值的数额,但是也有一半的概率拿到小于预期值的数额,即更容易出现真实值与预期值不匹配的情况,因此与信息过滤前冒险行为的ERN相比,信息过滤之后的振幅也就越大。前人研究也表明,当某两个备选项的概率均为0.5的时候,决策者所感知到的风险是最强的(Sundström,1987),决策者会担心自己放弃了安全选项而得到更小的收益,所以更加难以判断,风险越高引发更强振幅的ERN(Hewig, et al.,2008)。因此,信息过滤后冒险行为所引发的ERN也更强。

同时,行为数据结果表明,虽然第二次决策时决策者也倾向于冒险(风险参与率63%>50%),但是被试在信息过滤后的风险参与率显著小于过滤前的风险参与率。第二次决策时更低的风险参与率,说明了个体感受到了更大的风险而选择了更为保守的策略。

综上所述，在信息过滤之后，个体感知风险更大，冒险决策引发的ERN更大，风险参与率更低。本章从信息过滤的角度来探讨决策认知过程和偏好影响，丰富了我们对信息过滤下决策过程及机理的认识和理解。同时，本实验前、后两次决策密切相关，第二次的决策条件会受到第一次决策结果的制约，很好地模拟了动态的信息过滤过程以及决策过程。

本章小结

本章基于个体决策过程信息过滤的规律，首次尝试从信息过滤的角度出发，来探索信息数量与投资决策认知过程和风险感知的关系，通过事件相关电位工具，发现了用以表征信息过滤过程中信息加工和行动选择联系的脑电成分P2和ERN，揭示了个体决策的大脑认知机制。研究发现，当面对信息量大却需要快速决策的时候，个体处于信息过载状态，更倾向于采用非补偿性策略去决策，此时调用的认知资源更少，P2的振幅小；当信息量聚焦之后，决策者会调用大量的认知资源，倾向于选择补偿性策略来进行信息加工，去思考和分析信息之间的差异，此时P2的振幅更大。同时，当信息过滤后，个体冒险决策时感知的风险变大，风险参与率降低，且感知到的错误率会增加，从而引发更大的ERN。

第8章　社会影响对个体投资结果加工的作用机制:认知加工视角

　　根据社会影响的过程,本书认为,在个体受到社会影响作用之前,应该先会对社会信息进行感知加工。所以本章的第一个目的是借助高时间精度的事件相关电位技术,设计相应的脑电实验,测量个体在对社会信息加工时大脑的认知活动情况,找到相应的脑电指标,揭示社会信息的感知加工机制。此外,金融决策往往会伴随着决策的损益结果,目前在网络投资决策情境中,关于社会影响下,个体如何期待决策损益结果和对损益结果如何进行加工的研究还比较少,所以本章的第二个目的是揭示不同社会信息如何作用于个体对损益结果的期待和加工过程,并找到相应的脑电指标表征作用的机制。

　　本章将通过两个脑电研究,来分别阐述信息类社会影响和规范类社会影响的作用机制。

研究一 : 信息类社会影响对个体投资结果加工 的作用机制

研究设计

(1)被试

我们通过浙江大学网络平台共招募了 28 名本科生以及研究生,包括男生 18 人,女生 10 人;年龄在 20~28 岁,平均年龄为 23 岁,标准差为 2.45。所有被试无色盲色弱,矫正视力正常,均为右利手。在实验中,有 1 人在实验过程中脑电数据未记录完全,1 人所收集的数据质量差(存在过多的伪迹),以及 1 人怀疑实验的操纵而从整体数据分析中剔除。因此,最后共有 25 名被试的数据被运用到最终的实验数据分析中。

(2)实验材料

本实验所有的刺激材料的制作和呈现都是通过 E-Prime (Version 2.0, Psychology Software Tools, Inc., Sharpsburg, Pennsylvania, USA)软件实现。在该研究中,我们设计了一项在线联机任务,使用翻牌的游戏来模拟最简单的投资过程。在实验中,每一个轮次会呈现两张一样的扑克牌,扑克牌的背面不含有任何额外的信息,其中一张扑克牌正面是 +10,代表投资成功,可以获得 10 元的报酬;而另一张牌的正面是 -10,代表投资失败,会损失 10 元的本金(见图 8.1)。

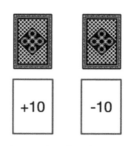

图8.1　该研究的刺激材料

（3）实验设计

本实验需要四名被试同时参加。其中三名被试由实验助理扮演，作为同一组成员进入同一个房间进行群体决策，而真正的被试则单独进入另一个房间，只有真被试会在实验的过程中被记录脑电数据。被试知道其他三名同学的存在，但是我们告诉被试由于实验设计的需要，双方需要在不同的房间内进行实验操作，在任务开始、期间和结束之后均不会见面。在实验任务中，被试将和另外三名同学一起完成一个在线联机投资任务，投资内容是从屏幕中出现的两张扑克牌里选择一张进行投资。其中一张翻开会显示赢得10元（投资成功），另一张翻开则显示失去10元（投资失败），被试按照自己的意愿选择其中一张牌进行投资。每轮实验由四人同时对扑克牌进行选择，被试是单独完成选择的，而另外三名同学（实验助理）则是通过商量做出选择的。选择完毕后，会给被试呈现另外三名同学的选择结果（下面都称为他人选择），而事实上他人选择由电脑程序操纵而成，但是被试并不知情。我们设置了三种不同的社会信息：无他人选择信息；他人选择与自己选择一致；他人选择与自己选择冲突。在实验中，他人选择与自己选择一致和冲突出现的比例是1∶1,还有少量试次并不呈现他人的选择结果,这是为了防止被试在实验过程中刻意去学习他人的投资偏好。在反馈结果阶段,被试获得金钱和损失金钱出现的概率各为50%。所以,第二部分是一个3(社会信息,即无,一致,冲突)×2(损益结果,即获得,损失)的被试内实验设计。但是在数据分析中,我们没有考虑无他人选择结果的情况。另外,2(社会信息,即一致,冲突)×2(损益结果,即获得,损失)出现的试次相同,每种情况出现30次。这样的设置是为了保证获得的成分波形更加稳定,而且同一个脑电成分在不同情况下的叠加试次相同,使得信噪比类似,有利于进行对比(Luck,2005)。

本实验共有150个轮次,分三个阶段(block)进行,每个block之间有2~15分钟的休息时间。每一个轮次先出现"＋",提醒被试任务即将开始。800ms之后电脑屏幕页面左、右两边会呈现两张扑克牌供被试选择(投资材料呈现阶段)。被试自行进行选择,按1代表选择投资左边的扑克牌,按3代表选择投资右边的扑克牌(被试行为选择阶段)。我们在实验前告诉被试,此时另外一个房间的三名同学会同时看到相同的选择界面,并在商量之后做出选择。被试选择完毕之后,在其选择的扑克牌下方会出现一个小人,表示被试选择成功。在1000ms至1200ms的随机空屏之后,将会呈现他人的选择结果(冲突、一致、无信息),在"他人"所选择的扑克牌下方会出现三个重叠的小人(该阶段即为本研究主要分析的社会信息感知加工阶段)。在该阶段,我们主要考察个体对不同类型社会信息是如何感知和加工的。在展示完双方的选择之后,会有1200ms等待翻牌结果的阶段(该阶段即为本研究主要分析的损益结果期待阶段)。最后出现翻牌结果(该阶段即为本研究主要分析的损益结果加工阶段)。之后开始下一轮选择,每个轮次的流程见图8.2。

在正式实验开始之前,会有6轮的练习实验供被试熟悉操作流程。

对于实验报酬部分,我们会告诉被试,每一轮的收益被试和其他三名同学是互相独立的。如果双方同时选择了+10的扑克牌,那么都可以得到同样数额的金钱;如果只有一方选择了+10的扑克牌,那么选对的一方可以得到相应的金钱,而选到-10扑克牌的一方则要失去相应的金钱;同样,如果双方均选到-10的牌,则都会失去相应的金额。整体实验的报酬包括50元的基本费用以及最终的浮动报酬,浮动报酬是在实验最后,通过随机抽取一轮的翻牌结果决定[即:如果抽取的一个轮次,被试选择的是写着+10的扑克牌,那么被试最终可获得60(50+10)元的报酬,反之则只有40元]。

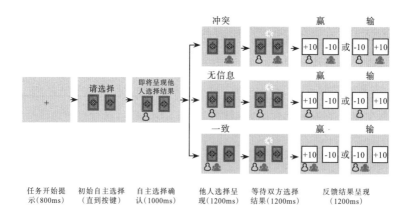

图8.2 本研究实验单个轮次流程

实验结果

（1）社会信息感知加工阶段

在社会信息感知加工阶段，我们发现，当被试看到他人的选择时，会出现一个明显的P300成分。以往的研究表明P300的波幅主要出现在大脑的"顶区（Parietal Region）"，一般在刺激出现后300~500ms时间内达到最大（Polich，2007）。所以我们选取"CP1"，"CPz"，"CP2"，"P1"，"Pz"和"P2"这六个电极点，时间范围在350~450ms内的平均脑电数据作为P300的幅值进行统计分析。

我们对P300进行了2（社会信息，即冲突，一致）×6（电极点，即"CP1"，"CPz"，"CP2"，"P1"，"Pz"，"P2"）的重复测量方差分析（Repeated Measures of ANOVA），统计结果显示社会信息的主效应显著（$F_{(1,24)}=18.738$；$P=0.000$；$\eta^2=0.483$）。选择一致的情况下P300的振幅（$M_{一致}=5.959\mu V$）要显著大于选择冲突（$M_{冲突}=4.856\mu V$）的情况（见图8.3），说明他人选择与自己选择一致对被试来说主观价值更高。另外，电极点的主效应不显著，社会信息和电极点的交互作用显著（$F_{(1,24)}=2.343$；$P=0.045$；$\eta^2=0.089$）（见表8.1）。由于本研究并不探究社会影响在不同脑区的活动差异，所以我们不进行电极点和社会信息的简单效应分析。

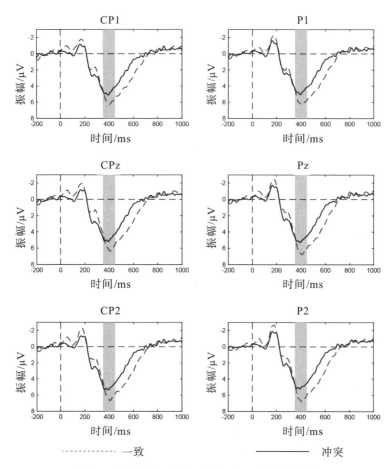

图 8.3　社会信息感知加工阶段 P300 成分波形图

表 8.1　社会信息感知加工阶段 P300 重复方差测量结果

	F	显著性(P值)	效应量 η^2
社会信息	18.738	0.000	0.438
电极点	1.236	0.279	0.049
社会信息×电极点	2.343	0.045	0.089

另外，在实验结束后我们让参与实验的个体评估在社会信息出现阶段的愉悦感，结果发现当他人选择与自己选择一致时会产生相对较高的愉悦感（$M_{一致}=2.92$；$M_{冲突}=2.44$；$P=0.090$）和自信心（$M_{一致}=3.20$；$M_{冲突}=2.52$；$P=0.014$）。这些自陈报告的结果也在一定程度上支持了 P300 的结果。

（2）损益结果期待阶段

SPN 成分通常出现在前额（Brown et al.，2008；Ma et al.，2017；Meng et al.，2016；Seidel et al.，2015；Wang et al.，2018），因此我们选取了"F1""Fz""F2""FC1""FCz"和"FC2"这六个电极点进行该阶段 SPN 成分统计分析。以往的研究表明 SPN 是一种随着任务结果的迫近会越来越显著的一个负波，等待的时间越长，SPN 的成分就更加明显（Meng et al.，2016；San Martin，2012；Wang et al.，2017b），故我们将翻牌结果出现前 200ms 内的脑电数据平均作为 SPN 的幅值（见图 8.4），然后进行分析。

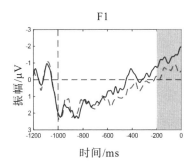
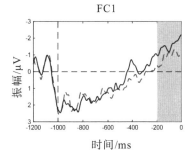

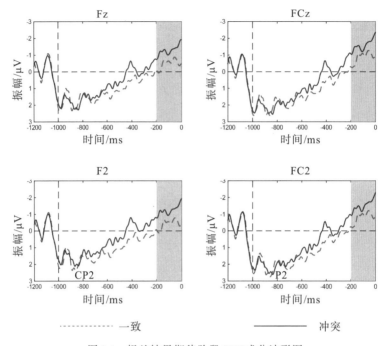

图8.4　损益结果期待阶段SPN成分波形图

我们关心个体在他人选择一致和冲突两种情况下,对翻牌结果期待程度的差异,所以进行了2(社会信息,即冲突,一致)×6(电极点,即"F1""Fz""F2""FC1""FCz""FC2")的重复测量方差分析。统计结果显示,社会信息的主效应显著($F_{(1,24)}=5.719$;$P=0.025$;$\eta^2=0.192$),选择一致的情况下SPN的振幅($M_{一致}=-0.663\mu V$)要显著大于选择冲突($M_{冲突}=-1.402\mu V$)的情况(见图8.4)。

而SPN是等待阶段的负波,它的振幅越负表示该成分越显著,表明对结果越期待。本研究的结果说明当他人的选择与自己不同时,被试会更希望知道最终的投资结果,而当大家的选择一致时,被试对投资结果的期待并没有那么大。另外,电极点的主效应显著($F_{(1,24)}=10.413$;$P=0.000$;$\eta^2=0.303$),由于本研究并不考虑电极点的差异作用,故此处不展开分析与讨论。此外,社会信息和电极点的交互作用不显著(见表8.2)。

表8.2　损益结果期待阶段SPN重复方差测量结果

	F	显著性(P值)	效应量η^2
社会信息	5.719	0.025	0.192
电极点	10.413	0.000	0.303
社会信息×电极点	0.916	0.423	0.037

(3)损益结果加工阶段

与损益结果加工相关的成分主要是FRN,而且往往出现在前额位置(Foti et al.,2011;Wang et al.,2016a;Wu & Zhou,2009)。我们也发现,在双方损益结果呈现阶段,在前额位置出现了一个明显的FRN成分,所以本研究中也选取前额的六个电极点"F1""Fz""F2""FC1""FCz""FC2"进行分析,并选取250~350ms内的均值作为FRN的幅值。

我们对FRN进行2(社会信息,即冲突,一致)×2(损益结果,即获得,损失)×6(电极点,即"F1""Fz""F2""FC1""FCz""FC2")的重复测量方差分析。分析结果(见表8.3)表明社会信息的主效应显著($F_{(1,24)}=4.594$;$P=0.042$;$\eta^2=0.161$),在选择一致的情况下FRN波幅更负($M_{一致}=2.130$,$SE=0.601$),在选择冲突的情况下FRN波幅更正($M_{冲突}=3.102$,$SE=0.756$)(见图8.5)。损益结果的主效应显著($F_{(1,24)}=4.583$;$P=0.043$;$\eta^2=0.160$),在获得的情况下FRN波幅较正($M_{获得}=3.003$,$SE=0.700$),在损失的情况

下FRN波幅较负($M_{损失}=2.229, SE=0.636$)。电极点的主效应不显著($F_{(1,24)}=2.624; P=0.062; \eta^2=0.099$),社会信息和损益结果的交互效应显著($F_{(1,24)}=7.553; P=0.011; \eta^2=0.239$)。

由于我们并不关心电极点的作用,所以将所有六个电极点平均,然后对社会信息和损益结果进行简单效应分析。四种情况下的FRN振幅描述性统计见表8.4。简单效应分析结果显示,在他人选择和被试选择冲突的情况下,不同损益结果的FRN振幅虽然无显著性差异($F_{(1,24)}=0.000; P=0.990; \eta^2=0.000$),但在被试自己独赢的情况下FRN相对更正($M_{冲突-获得}=3.105, SE=0.824$),在自己独输的情况下FRN相对更负($M_{冲突-损失}=3.099, SE=0.759$)。在他人选择和被试选择一致的情况下,不同损益结果的FRN振幅有显著性差异($F_{(1,24)}=12.404; P=0.002; \eta^2=0.341$)。在大家共赢的情况下FRN更正($M_{一致-获得}=2.901, SE=0.658$),在大家都输的情况下FRN更负($M_{一致-损失}=1.359, SE=0.621$)。

表8.3 损益结果加工阶段FRN重复方差测量结果

	F	显著性(P值)	效应量 η^2
社会信息	4.594	0.042	0.161
奖励结果	4.583	0.043	0.160
电极点	2.624	0.062	0.099
社会信息×奖励结果	7.553	0.011	0.239
社会信息×电极点	0.349	0.704	0.014
奖励结果×电极点	4.229	0.007	0.150
社会信息×奖励结果×电极点	3.394	0.016	0.124

表8.4　损益结果加工阶段FRN描述性统计结果

社会信息	奖励结果	平均值	标准误差	95% 置信区间	
				下限	上限
选择一致	获得	2.901	0.658	1.543	4.258
	损失	1.359	0.621	0.077	2.641
选择冲突	获得	3.105	0.824	1.404	4.806
	损失	3.099	0.759	1.533	4.664

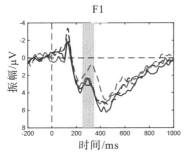

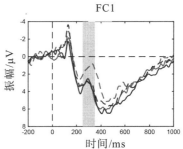

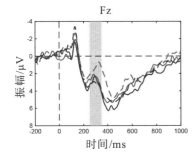

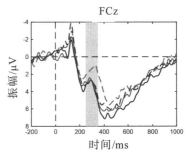

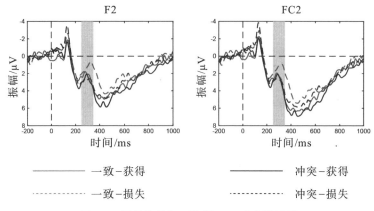

图8.5　损益结果加工阶段FRN成分波形图

d-FRN是损失与获得的FRN波幅差,表征了反馈结果对个体的主观价值和重要程度。对d-FRN进行2(社会信息,即冲突,一致)×6(电极点,即"F1""Fz""F2""FC1""FCz""FC2")的重复测量方差分析(见表8.5),发现社会信息的主效应显著($F_{(1,24)}=7.553$;$P=0.011$;$\eta^2=0.239$)。在选择一致的情况下的d-FRN波幅($M_{一致}=-1.542$)要显著大于选择冲突的情况下的d-FRN波幅($M_{冲突}=-0.006$),说明当和他人选择一致时,损益结果对被试来说更重要。

表8.5　损益结果加工阶段d-FRN重复方差测量结果

	F	显著性(P值)	效应量η^2
社会信息	7.553	0.011	0.239
电极点	4.229	0.007	0.150
社会信息×电极点	3.394	0.016	0.124

研究讨论

(1)社会影响在信息感知加工阶段的认知机制

很多时候,人们需要通过他人的反馈和评价来了解自身的行为是否恰当(付艺蕾等,2017)。一般情况下,个体会认为多数人的选择更加正确,尤其是在个体处于非常不确定的情景下,通常会选择参考他人的信息作为自己执行某项行为的锚(Cialdini & Goldstein, 2004; Klucharev et al., 2009; Zubarev et al.,2017)。在本研究中,我们将社会信息(他人选择)作为社会影响的表现形式,并认为其对个体的决策是非常重要的一个参考线索。

在这项研究中,我们设计了一个在线联机投资游戏。每一轮游戏中,有两张牌可以选择,其中一张牌翻过来会显示投资成功(获得金钱),另外一张牌翻过来则是投资失败(损失金钱)。这种50%的概率出现损益是不确定性最强的一种情况(Wang et al.,2015),所以个体在完成这个任务的时候,会感到较高的不确定性。当个人不确定性越强时,社会影响的作用就会更加明显。在本实验的设定中,被试和另外三名同学(实际上由实验助理扮演)共同完成翻牌投资游戏。在每一轮投资中,被试选择完纸牌之后,会同时呈现另外三名同学的选择(我们告诉被试该选择是这三名同学经过商量共同决定的),三名同学的选择就是社会信息。此时存在两种不同的情况,被试的选择和他人选择一致,被试的选择和他人选择冲突。不同的社会信息会给个体带来不同的感受。当看到他人选择和自己选择一致的时候,人们会将其看作他人对自己的一种认可，视作一种奖励（Klucharev et al.，2009；Nook & Zaki，2015）。当人们获得认可和奖励时，正性情绪会增加（Holroyd & Coles，2002）。

P300是表征情绪和效价的一个非常重要的脑电成分。以往的研究表明P300对反馈结果的效价敏感，当获得正性的反馈（比如获得金钱）时会比负性的反馈（比如失去金钱）引起更大的P300波幅（Leng & Zhou，2010；Wang et al.，2015；Wang et al.，2017b；Wu & Zhou，2009）。这是因为正性的反馈会带来更强的正性情绪（Briggs & Martin，2009；Olofsson et al.，2008）或者具有更高的主观价值和情感动机（Gray et al.，2004；Linden，2005）。

本实验中，我们发现当个体的选择和他人的选择一致时，会引起更加显著的P300成分（Chen et al.，2012；Schnuerch et al.，2016；Yu & Sun，2013），而且此时被试主观报告的愉悦感也要高于冲突情况下的愉悦感。本研究结果说明，与他人选择一致时会给个体带来更强的积极情绪和主观价值。

与他人选择一致会被视作一种奖励（Klucharev et al.，2009；Nook & Zaki，2015）。一些社会影响相关的fMRI研究发现，当他人的选择与自己的选择一致时，被试大脑中与奖赏相关的脑区活动会增强，这说明被试将选择一致的信号认为是对自我价值的一种肯定。比如，伏隔核（NA）是一个与奖励相关的脑区，在Klucharev（2009）的颜值判断任务中，当决策个体看到大众的平均颜值打分与自己打分相同时，相比冲突情况，引起了该脑区更强烈的活动。Nook和Zaki（2015）在食品偏好的打分任务中也发现了该脑区在评分一致时的激活程度更高。此外,与他人选择一致与否还伴随着不同的情绪感受。Berns 等 (2005)的研究结果显示,当被试发现自己的决策与他人的决策 存在冲突时,与负性情绪加工相关的杏仁核(Amygdala)出现了 更加显著的激活,表明冲突情况引起了个体较强烈的负性情 绪。本实验的结果与上述研究结果类似,当他人选择与个体选 择一致时,会被视作奖励,从而对该结果的主观价值增加,产生 更加积极的情绪,进而引起更大振幅的 P300。

　　P300 能够反映个体对结果效价和大小的评估(Hajcak et al.,2005;Hajcak et al.,2007;Wu & Zhou,2009;Zhou et al., 2010)。越正性的结果(比如赢钱),会比负性结果(比如输钱) 引起更大的 P300(Gray et al.,2004;Linden,2005)。而且 P300 对结果的大小同样敏感,比如赢的金额越大,P300 就越大 (Bellebaum et al.,2010;San Martin,2012;Wu & Zhou,2009; Yeung et al.,2005;Yeung & Sanfey,2004)。也有学者提到, P300 不仅仅是对结果的效价敏感,而且还受到结果对于个体主 观价值高低的影响(Wu & Zhou,2009)。Yeung 和 Sanfey (2004)的研究发现,当被试更加在乎决策结果时,也就是对结 果的情感动机更强时,结果的正负性引起的 P300 差异更加明 显。在笔者之前的一项研究中也有类似发现,该研究发现,在 付出了高努力后得到的奖励会比低努力之后获得的奖励引起 更大的 P300,因为与低努力下得到的奖励相比,在高努力下得 到的奖励对个体来说是更加正性、更有价值的结果,所以此时 的 P300 振幅更大。由于人们更偏好于与别人保持一样的行为 (Cialdini & Goldstein,2004;Fehr & Fischbacher,2004),所以当看到自己的选择与他人选择一致时，对被试来说是一种正性的结果，主观价值高，引起了更大的P300(San Martin，2012)；而选择冲突时，对被试来说则是一种负性的结果，主观价值低，引起的P300振幅变小。

(2)社会影响在损益结果期待阶段的认知机制

在他人的选择和自己的选择不同的时候，参与决策的个体会对自己的结果感到更加不确定(Shiller，1995)。研究发现，信息的不确定性会增加个体对损益结果的主观期待水平(Dreher et al.，2006)。

SPN(Stimulus Preceding Negativity)是与内在动机水平相关的一个成分，它往往出现在结果呈现前1000ms内，越接近结果出现，SPN就越明显(Brunia et al.，2011；Pornpattananangkul & Nusslock，2015；Masaki et al.，2006)。以往研究发现，SPN与期待水平相关，当对结果越期待时，SPN就越大(Böcker & Brunia，1994；Meng et al.，2016；Wang et al.，2017b)。而在高不确定性情况下，个体会增加对结果的期待，导致SPN变大(Brown et al.，2008；Ma et al.，2018；Wang et al.，2018)。比如，Meng等人(2016)研究了比赛的获胜难度会如何影响被试对绩效结果的期待。他们发现，相比大幅度领先对手，当双方比分胶着时，谁赢谁输的不确定性更强，此时被试具有更强的内在动机想要获胜，所以对绩效结果有更高的期待，引起了更大的SPN振幅。我们的另一项研究发现，个体在完成不同难度的计算任务时，对任务结果也会表现出不同的期待。当任务越难时，个体对作答成功的不确定性就越强，进而对绩效结果也就更加期待,SPN变大(Wang et al.,2017b)。

Catena(2012)在 研 究 中 利 用"Human Contingency Learning"任务得出:当反馈结果可以被预测的时候,产生的 SPN成分更小;而当反馈结果出现的概率越难预测的时候(即不确定性越强的时候),SPN成分就越大。在一项fMRI研究中,研究者也发现,当出现的反馈结果高度不确定时,在等待结果出现阶段,大脑的纹状体(Corpus Striatum)会持续出现明显的活动,这也说明了不确定性会增强个体对反馈结果的期待(Dreher et al.,2006)。最近的一项社会交互情境下的研究,也发现了不确定性会引起SPN的差异(Wang et al.,2018)。在该研究中,同一性别的两人共同完成答题测试,各自作答完成之后,过2s后会看到对方的答案。然后共同等待2s后,双方可以同时看到最终答题是否正确。该实验通过调整作答题目的难度来操纵被试在测试中的不确定性,题目越难则不确定性越高。研究结果发现在不确定性高的情况下,个体对对方答案的呈现越期待,表现在更加显著的SPN成分。而且在高不确定性的情况下,当他人选择与自己选择不同时,会进一步放大个体的不确定感,进而导致个体对回答正确与否的主观期待变强,引起的SPN也越显著(Wang et al.,2018)。与该研究类似,在本研究中,当被试看到自己选择和他人选择不一致时,不确定性水平会更高(Shiller,1995),对损益结果的主观期待变强,从而引起了更加显著的SPN成分。

还有一些研究表明当个体对结果更加自信的时候,SPN会变得不显著(Novak et al.,2016;Wang et al.,2017b)。这是因为自信程度越高,不确定性越低。笔者之前的一项研究结果显示,当被试完成了乘法任务之后,对绩效结果的期待程度会显著高于完成加法任务后对结果的期待程度,并诱发了更大的 SPN。这是因为乘法任务难度更大,导致被试在作答时的自信程度更低,对答题结果是否正确更加地不确定,所以在乘法任务中表现出了对结果更高的期待水平(Wang et al.,2017b)。Novak(2016)的研究也表明,当被试在完成任务的过程中表现得更加自信时,便会减少不确定性,从而对结果的期待减弱,SPN 变小。在本研究中,当他人与自己的选择一样时,会感到有人背书,所以对自己所做选择的信心水平会提高,被试自陈报告的自信水平也支持了这个观点;而当他人选择与自己冲突时,自信程度会降低,产生的不确定性增加,因此对损益结果的主观期待更强。

(3)社会影响在损益结果加工阶段的认知机制

在以往的研究中,对于投资结果,通常会按照大小和效价(获得或损失)这两个维度进行分类。在本研究中,我们控制损益的大小一样,投资结果要么是得到 10 元,要么是失去 10 元,只研究了效价的作用。一般来说,获得金钱会给个体带来正性的情绪,而损失金钱则会引起个体的负性情绪。认知神经科学研究发现,反馈相关负波 FRN 能够表征对反馈结果效价的加工(Ma et al.,2011;Qi et al.,2018;Wang et al.,2017a;Wang et al.,2016a;Yu et al.,2018)。当看到负性反馈的时候,相比看到正性反馈,大脑会产生一个更明显的 FRN 成分(Qi et al.,2018;Wang et al.,2016a)。也有研究发现,当得到的反馈结果出乎意料的时候,也会引起较大的 FRN 波幅(Cohen & Ranganath,

2007;Holroyd & Coles,2002)。相比正性反馈,负性反馈一般是我们不希望看到的一种结果。在本研究中,翻牌结果为失去10元是一种负性反馈,是投资失败的表征;而得到10元是一种正性反馈,是投资成功的表征。

最近,有研究者发现,在经济决策中,社会信息会影响个体对正性和负性反馈结果的加工,但是结果却不一致。Yu和Sun(2013)的研究发现,个体会更加在意他人选择和自己选择不同时利益的得失。而另外的研究显示,个体会更加在意他人选择和自己选择相同时利益的得失(付艺蕾等,2017;Kimura & Katayama,2016)。这些研究均用d-FRN这个脑电指标来表征个体对得失的加工。d-FRN指的是损失情况下的FRN振幅和获得情况下的FRN振幅之差($FRN_{损失}-FRN_{获得}$)。该成分和情感动机有关,当情感动机更强的时候,会表现出更加显著的d-FRN成分。如发表在 *Science* 上的一项研究发现,观察他人获得不同效价奖励结果所引起的d-FRN要明显小于看到自己奖励结果时的d-FRN(Gehring & Willoughby,2002)。付艺蕾等(2017)的研究认为之所以在选择一致情况下个体会更加在意得失,是因为他人已经被纳入到自己的体系中,双方成为利益共同体。本研究的实验设计与上述几篇文献存在不同,在本实验中,他人选择是由三个人共同决策得出的,而在之前的研究中,他人选择是每一个人单独决策得出的。我们认为,在选择一致的情况下,个体同样会关心其他人的利益得失,尤其是由三个人组成的群体,可能会更加强化这种作用。

在本研究的损益结果加工阶段,我们主要关注FRN成分。

本研究发现在损失的时候诱发的 FRN 要显著大于获得时的
FRN。过去的研究发现，FRN 与结果效价相关，负性的反馈结果
（比如损失金钱）跟正性的反馈结果（比如获得金钱）相比，会引起
更大的 FRN（Ma et al., 2011; Qi et al., 2018; Wang et al.,
2017a; Wang et al., 2016a; Yu et al., 2018）。根据强化学习理
论，当得到的反馈结果出乎意料的时候，也会引起较大的 FRN 波
幅（Cohen & Ranganath, 2007; Holroyd & Coles, 2002）。Wang
进行了一项与股票投资相关的脑电研究，实验中被试首先会看到
股票的净流量（交易数额），然后决定是否购买该股票。当被试决
定购买该股票之后会显示下一阶段股票的损益水平（升高或降
低）。该研究发现在损益结果加工阶段，当投资者面对负性的股
票结果的时候，会引起更负的 FRN（王翠翠, 2014; Wang et al.,
2017a）。而另一项与网络借贷相关的脑电实验中，被试对不同借
款进度的项目进行投资决策（投 1000 元还是 5000 元），投资完成
后会看到该项目是否按时还钱。当被试看到借款项目没有按时
还钱时和按时还钱时会引起不同的 FRN 振幅，未按时还钱这种
负性反馈比按时还钱这种正性反馈引起了更大的 FRN（Yu et
al., 2018）。我们的研究结果跟之前研究的发现一致，当个体面对
损失 10 元这种负性结果时，引起的 FRN 要显著大于看到获得 10
元这种正性结果时的 FRN。

除此之外，我们发现在不同社会影响下，人们对金钱得失的
感知加工会不同，我们使用了 d-FRN 来表征这种差异。按照
FRN 的情感动机理论，d-FRN 的波幅（$FRN_{损失} - FRN_{获得}$）大小反
映了人们对反馈结果的主观价值评价，人们越在意结果，d-FRN

会更加明显(Gehring & Willoughby,2002)。本研究的研究结果显示,被试选择和他人选择一致的情况下,d-FRN 会比冲突情况下的更大。这说明在选择一致时,个体对整体的损益结果更加在意,主观价值更高。

我们的结果进一步验证了以往一些研究的发现。一项发表在《心理学报》上的研究采用双人联机的经济决策任务,他们总共进行了两个实验,实验任务都是翻牌任务。在实验一中是对方先选择,被试看到对方的选择之后再进行选择,最后同时呈现双方的翻牌结果,考察的是被试主动选择一致与否对损益结果感知加工的影响。而在实验二中,是由被试先选择,然后呈现对方的选择结果,最后同时呈现双方的翻牌结果,考察的是被试在被动选择一致与否的情况下对损益结果感知加工的影响。结果显示,不论是被试先选择,还是被试后选择,只要是在选择一致的情况下,对反馈结果进行加工都会引起更大的 d-FRN 成分(付艺蕾等,2017)。这是因为当自己和别人选择一致时,我们更容易把自己和他人看成是一个整体,会更多地从整体的角度去考虑问题,所以对大家选择都相同的结果会赋予更强的情感动机,更加在意最终的得失(付艺蕾等,2017)。本研究的实验设计与付艺蕾等(2017)的设计存在一些差异。首先,在本实验中是四人联机实验。其次,被试和另外三名"被试"是同时进行选择的,这样就不存在由于跟随他人选择,或者自己的选择结果影响到他人而造成双方均损失的情况,所以我们的实验排除了因选择相互影响所造成损失的内疚感对社会影响本身作用的影响。本研究更准确地验证了在选择一致的情况下,个体把他人看作和自己是同一个群体,进而对整体的利益更加在意的解释。另外,在我们的实验中,他人选择是由三名"被试"共同商量出来的,所以在选择一致的情况下,四个人的群体规模比上述实验中的两个人的规模要大,导致被试会更加在意整体的利益,所以引起的d-FRN会更明显。

d-FRN也反映了人们对他人的同情共感(Ma et al.,2011)。Ma等(2011)的研究设计了两个脑电实验,在实验一中,三个人(两个朋友和一个陌生人)一起进行赌博游戏,三个人依次进行选择。其主要测量的是作为朋友中一方的被试是如何看待自己、朋友、陌生人的损益,即决策个体自身参与到任务中时会如何看待亲疏远近的人的损益结果。而在实验二中,仍旧是三个人(两个朋友和一个陌生人)进行类似的赌博游戏,但是作为朋友中一方的被试只是观察者,不参与游戏,每一轮只有另一个朋友和陌生人两个人一起进行游戏。实验二主要测量决策个体(观察者)自身不涉及任务中时会如何看待亲疏远近的人的损益结果。研究结果显示,在作为观察者的时候,个体对朋友的同情共感比陌生人的更高,因此诱发了更大的d-FRN。而当个体也涉及任务的时候,对朋友和陌生人的同情共感均没有对自身的那么强烈,所以两者d-FRN无区别但均显著小于自身的输赢所产生的d-FRN。该研究表明,人们对不同社会距离的个体的同情共感程度不同,因此所产生的d-FRN也会不同,而且不同的社会情境也会修正这种同情共感的作用程度,从而调节d-FRN的振幅(Ma et al.,2011)。在本实验中,当个体与其他三人的选择相同时,会把自己和他人看作一个集体,可能会产生强烈的同情共感,从而更加在意损益结果。而当个体的选择与他人选择不同时,则没有如此强烈的感受。因此在选择一致的情况下 d-FRN 的振幅会更强。

关于社会信息对损益结果加工阶段的作用,以往的研究结果存在争议。一些研究认为当他人选择与自己选择相同时,会减少对反馈结果的情感动机(Kimura & Katayama,2016;Koban & Pourtois,2014;Latané,1981;Li et al.,2010)。但是这些研究的实验设计很多是在合作的情景下,即所有人的收益相互影响。由于在合作的情景下,所有人的责任会被分散,不是单独为自己最终的损益负责,所以对反馈结果的情感动机就会减弱,从而引起了更小的 d-FRN。为了比较合作情景的存在是否会影响个体对反馈结果的加工,Kimura 等(2016)在实验中设计了合作组和独立组。研究结果发现,在合作组中确实出现了与他人选择一致时,反馈结果加工所引起的 d-FRN 更小。但是在独立组,也就是损益由自己负责时,选择一致时个体对反馈结果加工的 d-FRN会比不一致时更大,虽然统计上不显著。第二部分的实验设计不涉及合作的情景,故可以排除因合作而导致责任分散的影响。本研究与 Kimura 研究中独立组的结果类似,但是我们发现了显著的差异,这可能与提供社会影响的群组人数有关。在 Kimura 的实验中所呈现的社会影响由两人组成,而在我们的实验中则由三人组成,随着人数的增加,社会影响信息的作用也会增强(Latané,1981;Latané & Nida,1981;Park et al.,2017),因此在我们的实验中这种差异就变得更加显著了。

另一项非合作情景下的研究发现了当他人选择与自己选择一致时会降低对损益结果的敏感程度(Yu & Sun,2013)。本研究发现了与该研究不同的结果,其可能原因在于:首先,实验设计不同。在本研究实验设计中,是同时显示双方的损益结果。而在 Yu 和 Sun(2013)的实验设计中,双方的结果会用不同颜色标出,同时在双方结果上面会更加醒目地显示"You Loss"或"You Win"的字样。这种显示损益结果的方式可能会让个体更加注意自己的结果而非集体的结果。其次,在本实验中,他人选择是三个人商量之后的一个结果,而不是 Yu 和 Sun(2013)的实验中的所有人选择的分布。所以在本实验中,他人选择对被试来说更具有群体决策的感觉,可能更容易使得被试从集体角度去思考问题。

综上,当个体面对损失时会诱发更大的 FRN 成分,并且当个体选择与他人选择一致时,会比冲突时更加在意损益结果,表现在诱发了更加明显的 d-FRN 成分。

研究小结

笔者通过一项脑电实验研究明确了信息类社会影响在个体决策过程中的作用,主要是从决策加工的不同阶段对信息类社会影响的作用进行阐述。本研究主要关注在社会信息感知加工阶段的 P300 成分;在损益结果期待阶段的 SPN 成分;在损益结果加工阶段的 FRN 和 d-FRN 成分。

(1)对于社会信息的感知加工,笔者聚焦于社会信息呈现的阶段,即当个人选择完毕之后,观察到他人选择结果的阶段。在该阶段,笔者分析了不同社会影响呈现的信息(一致与冲突)出现时明显诱发了不同波幅的 P300 成分。一致时,P300 波幅更大，说明跟他人保持一致对人们来说是一种认可，具有更高的主观价值，会引起更加积极的情绪。

（2）对于损益结果的主观期待，笔者聚焦于呈现完个体和他人的投资项目结果之后等待损益结果的阶段。在该阶段，笔者发现在项目选择阶段他人选择与个体选择冲突时，会在该阶段诱发更大的 SPN 成分。这说明选择冲突增加了人们对损益结果的不确定性，从而更想知道结果，导致期待水平更高。

（3）对于损益结果的认知加工，笔者聚焦于损益结果的呈现阶段，即当个体观察到自己与他人的投资收益或损失结果的时候。在该阶段，笔者发现个体在面对损失的时候诱发了更大的 FRN 成分。同时，若个体在他人与自己选择相同时的 d-FRN（$FRN_{损失}-FRN_{获得}$）更大。面对负性的结果（损失金钱）会引起更大的 FRN，而且在与他人选择一致情况下，产生的 d-FRN 更明显，这说明不同的社会信息会调节个体对待收益的态度，在自己选择与他人选择一致时，人们会产生更加强烈的情感动机与同情共感，进而对整体的损益结果更加在意。

研究二：规范类社会影响对个体投资结果加工的作用机制[①]

研究设计

（1）被试

我们通过浙江大学网络平台共招募了 28 名男学生，年龄在

---

① 　本研究的主要内容发表在 *Neuroscience Research*，2016 年第 108 期。

20~25岁,平均年龄为22.45岁,标准差为1.70。所有人均为一支著名的篮球队的资深球迷。所有被试无色盲色弱,矫正视力正常,均为右利手,无精神病史。在实验中,1人所收集的数据质量差(存在过多的伪迹),从整体数据分析中剔除。因此,最后共有27名被试的数据被运用到最终的实验数据分析中。

(2)实验材料

本实验所有的刺激材料的制作和呈现都通过 E-Prime (Version 2.0, Psychology Software Tools, Inc., Sharpsburg, Pennsylvania, USA)软件实现。在实验之前,被试阅读了实验说明以了解实验任务的规则。整个实验包括三个部分,每个部分包含46个试次。本实验采用最后通牒博出被试。被试作为接受者,选择是否接受对方金钱分配的提议。被试在实验前会知道,对方(无论是否是同一个球队的球迷)的提议都是由之前的行为实验数据所收集的。我们会在实验中随机从数据库中抽取一个数据作为每一个轮次的分配方案(见表8.6)。在每一个轮次中,对方可以根据自己的意愿分配20元钱,而被试看到这种提议之后,需要选择是否接受这一提议。

表8.6 分配方案的分布情况(单位:元)

公平		不公平	
你	对方	你	对方
10	10	16	4
11	9	17	3
12	8	18	2
13	7	19	1

(3)实验设计

在实验中,被试有一半的轮次的分配方案来自于与自己为同一个球队的球迷,另一半的轮次的分配方案来自于其他球队的球迷。我们告诉被试每一轮次的"球迷"是不同的人,而且是相互独立的。在每次实验开始时,屏幕中央都会显示一段600ms的"+",然后会显示对方的身份,呈现时间为1500ms。如果操纵对方为组内成员,例如被试为湖人队的忠实粉丝,则"对方是篮球球队(如 Los Angeles Lakers)的忠实粉丝"会出现在屏幕上。如果是组外成员,将显示"不是该篮球队的粉丝"。然后呈现分配方案页面,这个页面最长展示4000ms。此时被试可以选择"接受"和"拒绝"。如果他们决定接受分配方案,则将按方案分配这20元;否则,被试和对方在该轮中都不会获得任何回报。在被试做出决定后,我们会突出显示最终分配方案800ms(见图8.6)。

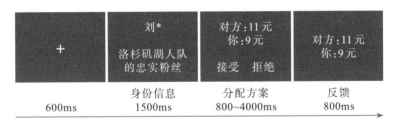

图8.6 本研究实验流程

(图片来源:Wang, L., et al., Ingroup favoritism or the black sheep effent: Perceived intewtions modulate subjective responses to aggressive interactions. *Neuroscience Research*, 2016, 108, 46-54.)

每两个试次之间间隔600~800ms,在正式实验开始之前被试需要进行四次的练习实验。在实验结束前,被试会被要求报告他们是否认为试验中分配方案的提议者知道他们的球迷身份。其中有13名被试表示对方并不了解自己的身份,因此没有觉得对方的不公平分配方案是在故意伤害,这些被试作为"感知无意组"。而其他14位被试表示对方明确知道自己的身份,因此他们提出的不公平分配方案被认为是故意伤害,这些被试作为"感知故意组"。

综上而言,被试被分为感知无意组和感知故意组,而在实验中的分配方案的提议者被分为群体内和群体外的。通过这种混合设计实验来考察,规范类社会影响是如何作用于个体对损益结果的感知加工的,并考察感知故意性的调节作用。被试的实验报酬分为两个部分,30元的出场费以及随机抽取一轮实验的分配结果作为浮动报酬。

实验结果

(1)行为结果

对于实验所有的被试来说,平均拒绝率分别为1.829%(组内-公平),81.779%(组内-不公平),4.289%(组外-公平)和89.156%(组外-不公平)。身份认同与公平感知是组内设计,而感知有意性是组间设计。因此我们做了混合设计的重复方差分析,我们发现身份认同的主效应显著($F_{(1,25)}=10.555;P=0.003$),公平感知的主效应显著($F_{(1,25)}=934.281;P<0.001$),但两者的交互作用不显著($F_{(1,25)}=2.760;P=0.109$),感知有意度与公平感知以及身份认同的交互效应均不显著。

对于感知无意组,拒绝率分别为0(组内-公平),85.08%(组内–不公平),1.89%(组外–公平)和91.19%(组外–不公平)。2(身份认同)×2(公平感知)的重复方差测量结果所得,身份认同的主效应显著($F_{(1,12)}=7.023;P=0.021$),公平感知的主效应显著($F_{(1,12)}=554.980;P<0.001$),交互作用不显著($F_{(1,12)}=1.911;P=0.192$)。

但对于感知故意组,拒绝率分别为3.66%(组内–公平),78.48%(组内–不公平),6.69%(组外–公平)和87.12%(组外–不公平)。2(身份认同)×2(公平感知)的重复方差测量结果所得,身份认同的主效应显著($F_{(1,13)}=5.209;P=0.040$),公平感知的主效应显著($F_{(1,13)}=396.951;P<0.001$),交互作用不显著($F_{(1,13)}=1.911;P=0.192$)。总的来说,对于组内成员提议的拒绝率要显著低于组外成员的拒绝率,不管在何感知故意水平下。

(2)脑电结果

在损益结果加工阶段,主要发现FRN成分。对于感知无意组的FRN平均振幅(见图8.7)分别为$-0.952\mu V$(组内–公平),$0.713\mu V$(组内–不公平),$0.901\mu V$(组外–公平)和$-0.645\mu V$(组外–不公平)。重复方差测量结果所得,FRN电极点的主效应显著($F_{(5,60)}=6.650;P=0.000$),身份认同的主效应不显著($F_{(1,12)}=0.218;P=0.649$),公平感知的主效应不显著($F_{(1,12)}=0.008;P=0.930$),交互作用显著($F_{(1,12)}=11.976;P=0.005$)。在不公平分配下,组内、组外的FRN有显著差异($F_{(1,12)}=5.420;P=0.038$),在公平分配下的也是($F_{(1,12)}=5.262;P=0.041$)。

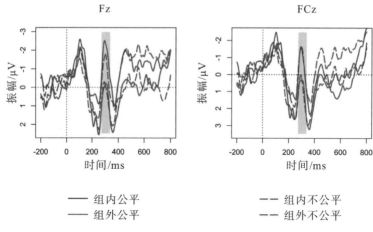

图 8.7　感知无意组的 FRN 波形图

(图片来源：Wang, L., et al., Ingroup favoritism or the black sheep effent：Perceived intewtions modulate subjective responses to aggressive interactions. *Neuroscience Research*, 2016, 108, 46-54.)

对于感知故意组的 FRN 平均振幅(见图 8.8)分别为 1.583μV(组内－公平), 0.049μV(组内－不公平), 0.279μV(组外－公平)和 1.856μV(组外－不公平)。测量分析重复方差结果所得, FRN 电极点的主效应不显著($F_{(5,65)}=0.808$；$P=0.572$), 身份认同的主效应不显著($F_{(1,13)}=0.235$；$P=0.636$), 公平感知的主效应不显著($F_{(1,13)}=0.001$；$P=0.973$), 交互作用显著($F_{(1,13)}=55.782$；$P<0.001$)。在不公平分配下, 组内、组外的 FRN 有显著差异($F_{(1,13)}=4.997$；$P=0.044$), 在公平分配下也是($F_{(1,12)}=6.771$；$P=0.022$)。

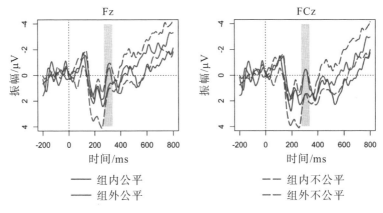

图 8.8　感知故意组的 FRN 波形图

(图片来源：Wang, L., et al., Ingroup favoritism or the black sheep effent：Perceived intewtions modulate subjective responses to aggressive interactions. *Neuroscience Research*, 2016, 108, 46-54.)

研究讨论

在以往研究的基础上,本研究主要关注的问题是与不同群体的人进行经济或金融交易时,即在规范类社会影响下个体如何面对损失和获得。笔者设计和开展了一项脑电实验,从认知神经水平上观察个体在此种情况下如何对损益结果进行感知加工。笔者假设在攻击意图不明确的情况下,有些个体可能会认为对方的攻击行为是故意的,而有些个体可能会认为对方是无意的。感知意图在个体对损益结果的感知加工中起到了非常重要的作用。以往的研究发现,当有足够多的信息表明对方是有意为之的时候,受害者会向对方做出非常严厉的回应。然而当证据明显表明对方的攻击是无意的,或者根据目前的信息,对方的意图是模糊不清的时候,个体将会表现出更多的内部偏袒,即内群体偏好(Otten,2009)。在本研究中,我们将个体分为感知故意组和感知无意组,结果发现,在感知故意组,个体对于群体内成员的不公平提议会做出更明显的反应,表现在神经指标反馈相关负波FRN的振幅会比看到由群体外成员的不公平提议引起的FRN振幅更大。而在感知无意组,外群体成员的不公平提议引起的FRN振幅要大于内群体成员的不公平提议引起的FRN振幅。有趣的是,尽管感知到的意图调节了个体对规范类社会影响下的行为结果的认知加工,但在无意和有意两种情况下,来自群体内成员的不公平提议被拒绝的概率都更低。

本研究的实验范式主要借鉴最后通牒博弈(Ultimatum Game,UG)范式。实验中,个体会同时对所有自己和对方的收益进行评估。先前的研究表明,违反收益公平分配准则的人通常会受到惩罚(De Quervain et al.,2004;Fehr & Gachter,2002)。根据强化学习理论,神经活动指标FRN能够表征个体对社会交互中违反社会规范的行为的评价(Harris & Fiske,2010;Montague & Lohrenz,2007)。在一些基于UG范式的脑电实验中(Boksem & de Cremer,2010;Hewig et al.,2011;Ma et al.,2015a;Polezzi et al.,2008),研究者发现,个体面对负性的社会对待(获得不公平的分配)会比积极的对待(获得公平的分配)产生更显著的FRN振幅。但是在本研究中,我们未能发现不同水平的公平感知在FRN上的不同表现。

(1)感知无意组中规范类社会影响的作用

对于感知无意组,规范类社会影响会对个体的公平感知产生作用。当分配方案来自群体外成员时,被试在加工分配方案时,不公平的分配方案会比公平的分配方案引起更大的FRN振幅;但是当分配方案来自群体内的成员时,公平与不公平方案之间的FRN振幅就没有显著的差异了。根据上述观察到的FRN反应,我们推测,当个体认为对方是无意的时候,他们可能会变得更加宽容,所以对来自群体内成员的损害行为并不会太在意。然而,这种公平的社会规范在对群体外成员的交互过程中依旧发挥着重要的作用。最为明显的证据就是,来自群体外成员的不公平方案会比来自群体内成员的不公平方案引起更显著的FRN,说明与群体外成员的不公平行为相比,个体认为群体内成员的不公平行为并没有那么糟糕。在他人社会性攻击被认为是无意的情况下,以上结果提供了一个重要的能够反映内群体偏好的电生理证据。我们认为,之所以会出现内群体偏好,是因为当个体认为群体内成员的攻击行为是无意的时,他们会觉得这种行为对整个群体的声誉及其积极的评价几乎没有损害(Otten,2009)。然而,当群体外成员做出不公平的行为时,他们可能会被认为是不友好的和敌对的,导致不公平行为看起来更令人厌恶,进而诱发更明显的FRN振幅。

在感知无意组,还存在一个有趣的发现,即来自群体内成员的公平方案比不公平方案引起了更大的FRN。尽管这种差异并不显著,但还是值得讨论。根据以往研究,FRN通常被认为反映了前额叶皮层的大脑活动,不管是什么效价的反馈结果,意料之外的结果都会诱发明显的FRN(Alexander & brown,2011;Ferdinand et al.,2012)。因此,我们推测,个体对其所在群体的公平性的期望并不高。换言之,来自群体内的不公平行为是可以接受的。如果我们的推测成立,那么来自群体内的公平方案反而会被认为是意料之外的正性反馈,进而导致了上述FRN的结果。

针对我们的推测,还存在另外的证据。最近一项基于UG范式的研究探讨了社会距离对公平感知的影响。该研究结果显示,当对方是朋友而不是陌生人时,其所做出的不公平分配方案被拒绝得会更少。重要的是,脑电结果同样发现,朋友给出的公平方案引起了比不公平方案更大的FRN(Campanha et al.,2011)。以往研究表明,FRN可能反映了抑制多巴胺输入的减弱而引起的深层的皮层活动(Holroyd & Coles,2002)。因此,有研究者指出,与公平方案相比,陌生人提出的不公平方案会抑制多巴胺活动,而朋友提出的不公平方案会促进多巴胺活动。同样地,在本研究中,处于同一群体的成员会有更近的社会距离,导致了群体内成员给出的公平方案引起的FRN更大。

(2)感知故意组中规范类社会影响的作用

对于感知故意组,规范类社会影响同样会对个体的公平感知产生作用,但是不同于感知无意组,笔者发现,由群体内成员给出的不公平方案会比公平方案引起更显著的FRN振幅。而对于群体外成员给出的方案,公平方案反而比不公平方案引起了更大的FRN。先前的行为研究发现,相比于群体外的成员,人们倾向更好地对待群体内的成员(Brewer,1999;Tajfel&Turner,1979;Tajfel,1971;Volz et al.,2009)。因此,当个体认为对方知道他们的身份时,也就是是否是同一个群体的成员,他们会对来自群体外成员的不公平方案有一定的预期。所以,来自群体外成员的公平方案是意料之外的,并导致了更大的预测误差,从而引起了更显著的FRN幅度。

对于感知故意组,笔者最重要的发现是,来自群体内成员的攻击性行为(以及不公平的方案)比来自群体外成员的攻击行为诱发了更大的FRN。一般来说,群体成员应该要遵循隐含的社会规范,即成员之间要相互合作。因此,当个体看到对方明明知道是同一个群体但还要给出不公平分配方案时,他们会认为这样的不公平行为是针对群体内成员的敌对行为,这严重违反了社会规范,损害了整个群体的荣誉(Otten,2009)。可以说,害群之马产生的一个重要的先决条件是群体内的成员认为不好的行为是有意而为之的时候。因此,杜绝群体内成员不好的行为的消极性并不可行。反而个体会对群体内成员的这种行为做出更加负性的评价(反映在更为显著的FRN),以保护整个群体的声誉。

研究小结

本研究检验了规范类社会影响在个体对损益结果加工时的作用机制,以及个体感知行为意图的调节作用。从行为结果可以看出,个体存在明显的内群体偏好,而基于脑电数据的结果,则从微观层面揭示了规范类社会影响对个体在社会交互过程中态度和行为形成的影响。具体而言,当交互对方的敌对意图不明确时,个体往往会表现出内群体偏好;而一旦群体内成员的敌对行为是有意的,那么个体会做出更加负性的评价,内群体偏好消失。

本研究的结果可以延伸到投资决策中。例如,当投资者发现投资给了与自己拥有某些共同属性的人,但是对方却故意未按时还钱,此时投资者将如何对这种金钱损益进行感知加工。总的来说,感知意图会调节个体对于群体内、外成员所造成的损益结果的感知加工,即如果个体认为群体内成员故意造成了损失,则他们之间的关系就会受到挑战,个体的反应反而会更加负性(Otten,2009)。

第9章 社会影响对个体投资行为的作用机制:信息加工视角

上一章讲述了社会影响在个体投资决策损益结果加工中的作用,以及个体对社会影响信息的感知加工,本章则主要聚焦于社会影响对个体投资行为的作用过程。笔者基于真实的网络借贷场景,进一步通过描述投资者在社会影响下的决策行为变化以及信息加工模式变化对社会影响作用过程进行探究,从信息加工的角度揭示社会影响对个体网络投资选择的作用机制。从众行为是网络投资过程中投资者受到社会影响作用的重要行为表征,以往关于网络投资从众行为的研究,基本上都是基于二手数据挖掘的实证研究,缺少对从众行为形成机制的直观探测和深入探讨。笔者则希望通过信息加工过程可视化的表达,以期找到从众行为的形成机制,来弥补以往研究在网络投资领域中对从众行为的形成机制探究缺乏的不足。

本章通过一项眼动实验,来记录个体在社会信息出现前后的决策过程中的眼动数据,并基于眼动指标构建不同条件下的信息加工模式。通过比较社会信息出现前后,不同社会信息出现后的信息加工模式的差异,来揭示社会影响的作用机理。同时通过比较个体在做出从众决策和不从众投资决策时信息加工模式的差异,找到个体信息加工模式和从众行为之间的关系,揭示从众行为的形成机制,进一步阐述信息类社会影响的作用机制。

研究设计

(1)被试

36名浙江大学本科生及研究生参与了本次实验,其中男生18人,女生18人,平均年龄为23.088岁(标准差=2.228)。所有被试均视力正常或矫正视力正常,无色盲色弱。在本实验中,研究对象为网络投资的新手,所以招募的被试均要求无网络借贷的投资经验。在实验中,有2人因眼动数据未记录完全,1人猜测出实验意图而从整体数据分析中剔除。因此,最后对33名被试的数据进行分析。

(2)实验材料

为了模拟真实的投资环境,我们选择了国内首家无担保的网络借贷平台——拍拍贷作为实验的情景。拍拍贷中的散标是国内网络借贷平台中较为少见的由投资者完全承担风险的项目。我们采用和拍拍贷一样的项目排列方式,并参考它对风险等级的划分规则和利率的匹配方式来设计实验中的借款项目。本研究中每个投资页面有两个借款项目可供选择,其中借款项目信息包括:魔镜等级(A,B,C,D,E),借款利率(15%~24%),借款金额(1000~5000元),借款期限(3个月,6个月,12个月,15个月,18个月)。投资页面示例见图9.1。

魔镜等级	利率	金额	期限	马上投标
Ⓐ	16%	￥3000	6个月	￥100 立马投标
Ⓓ	22%	￥2900	6个月	￥100 立马投标

图9.1　借款项目示例

(图片来源:根据拍拍贷网络平台相关信息绘制)

　　魔镜等级是借贷平台根据借款人所提供的各方面信息综合评定的。魔镜等级和借款人违约不还钱的风险有关,魔镜等级越高对应的不还钱风险等级越高(A对应的风险等级最低,B,C,D依次增加,E对应的风险等级最高)。根据现实平台网站所列出来的信息,在本实验中我们设定,A代表借款人有0.5%的概率违约不还钱,B代表借款人有1%的概率违约不还钱,C代表借款人有2%的概率违约不还钱,D代表借款人有4%的概率违约不还钱,E代表借款人有8%的概率违约不还钱。

　　在实验过程中,被试总共要完成40个轮次的投资选择,每一轮次都会同时呈现两个借款项目,上下排列。这两个借款项目的风险等级(魔镜等级)是不同的,而不同风险等级组合对应于不同的利率之差,并参照平台上真实数据设定在固定的范围内。在实验中,高、低风险项目上下位置随机出现。另外,为了控制其他的因素,我们设定两个借款项目的借款期限相同,同时将两个项目的借款金额之差控制在200元以内。此外,在一半的投资轮次中,高风险项目的筹款金额要高于低风险项目的筹款金额,而在另一半的投资轮次中,低风险项目的筹款金额要高于高风险项目的筹款金额。

（3）实验设计

本实验的社会信息分为两种情况（他人选择与自己选择一致或冲突）。本研究探究投资者观察到不同的社会信息之后，个体投资行为的变化。因此，我们设计了两阶段的实验，第一个阶段是无社会影响的独立选择；第二个阶段是有社会影响的再次选择。

在第一阶段中（无社会影响阶段），一共有40轮的投资选择任务，每一轮被试都有100元的资金用于投资，每一轮投资都是独立的。在每一个轮次中，首先会呈现两个借款款项，如图9.1所示。被试在浏览完这两个项目之后，决定要选哪个项目进行投资。按数字键"1"表示选择上面的借款项目，按数字键"3"表示选择下面的借款项目。当被试选择完之后，会出现一个评分页面，让被试对自己该轮次投资的信心程度进行打分，1分表示信心程度非常低，5分表示信心程度非常高。打分完成后进入下一轮的投资决策，如图9.2所示。

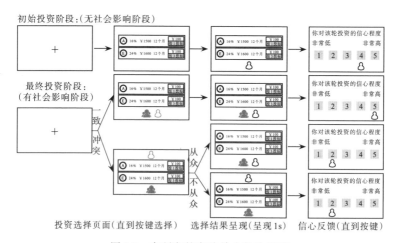

图9.2　本研究的实验单个轮次流程

　　第一阶段实验结束之后,被试进行短暂的休息,休息结束后开始第二阶段的实验。在第二个阶段(有社会影响阶段),被试的任务是对第一阶段中所呈现的借款项目重新进行选择。在每一轮决策中,除了展示借款项目的信息之外,同时还会呈现被试在第一阶段的选择以及大众的选择。在第二部分的实验指导语中我们会告诉被试,大众的选择是指本实验前期招募的100名被试中绝大多数人的选择。但实际上,大众的选择是由主试在实验程序中提前设定的。在第二阶段的实验设计中,我们设计大概有70%(SE=0.0134)的轮次所呈现的大众的选择与被试的选择不同。在实验中被试的选择是用单个小人表示,大众选择则是用三个小人表示,均会呈现在所选项目的周围。

　　第二阶段每一轮实验的过程跟第一阶段一样,被试在浏览完所有信息之后,重新进行选择。按1选择上面的借款项目,按3选择下面的借款项目。当选择完毕后,仍需要对该轮投资的信心进行1~5分打分,按键的规则和第一个阶段相同。在正式实验开始之前,每个阶段都会有5次的练习来帮助被试熟悉实验的操作流程。

　　本研究的报酬分为实验参与费用和投资回报费用两部分。被试参与实验会有15元的基本出场费,另有0~5元(5元对应于任务中的"100元"的投资本金)的浮动报酬。浮动报酬的计算方式是在实验结束后,我们会随机抽取第一或第二阶段的某一轮投资,并根据被试所选择项目的风险等级和还款概率,模拟借款人是否按时还钱。如果借款人按时还钱,而且所投资的项目借款利息为10%时,被试共可获得30(=15+5+100×10%)

元的被试费,如果模拟结果得出借款人没有按时还钱,则失去5元,被试最终获得15元被试费。实验的报酬计算方式都在实验之前通过问题检测确保被试已经充分了解。

实验结果

(1)行为数据分析

在行为数据上,主要为明确社会影响是否会引起个体的从众行为,从行为改变以及行为的反应时两个角度去描述当个体遇到不同社会信息时的加工和行为差异。

①从众行为

在第一个阶段,没有大众选择信息(社会信息)的呈现,被试的决策主要根据借款项目的差异以及个人的偏好。而在第二阶段,我们提供了大众的选择。大众的选择可能和被试一致也可能是冲突的,此时被试可以重新做出选择。而在本实验中,仅考虑在冲突试次(当大众的选择与个体的选择不同时),被试改变了自己的初始选择而对大众选择的项目进行投资,定义为从众行为。而不考虑初始选择阶段,大众选择与个体选择一致的情况。

通过统计分析发现,在大众的选择和被试的选择产生冲突的情况下,被试产生从众行为的比例有34.73%($SE=0.030$)。t检验结果显示,从众的比例显著大于0($t=11.6115, P<0.001$)。这说明在本研究的实验设计中,社会影响引起了个体的从众行为。

②反应时

在本实验设计中,个体会进行两个阶段的投资决策,分别是初始投资阶段(也可以称为无社会影响阶段)和最终投资阶段(也被称为有社会影响阶段)。个体的投资决策反应时是指从展示投资页面到做出投资选择的时间。根据实验阶段,在本实验中存在两个相应的反应时,初始反应时(initial_RT)和最终反应时(final_RT)。在最终决策阶段会显示社会信息,而根据社会信息是一致还是冲突,又可以分为冲突情况下的反应时和一致情况下的反应时。

我们考察,在呈现社会影响之后,个体投资决策的反应时是否存在差异。故分析,社会信息(一致与冲突)对最终反应时(final_RT)的影响。配对样本 t 检验结果显示,当大众选择和自己选择一致时,做出决策的反应时(final_RT$_{一致}$=3758.8ms)会比在冲突情况下的反应时(final_RT$_{冲突}$=5433.4ms)更短($t_{(32)}$= -6.429,P=0.000)。图9.3(a)展示了每一个被试在冲突与一致情况下的反应时散点图,我们可以发现再次做出决策时,几乎所有的被试均表现出在一致情况下比在冲突情况下的平均反应时更少的情况。

为了控制被试的个体差异,每个投资页面之间决策难度的差异,还有再次投资带来的其他潜在影响,我们将决策的初始阶段(无社会影响的阶段)反应时作为个体投资决策的反应时基线(baseline)。将两阶段每次进行投资选择的反应时之差(d_RT)作为分析对象(见表9.1),进行探讨和统计分析。

表9.1 反应时的结果汇总(社会影响:冲突与一致)

	社会影响	平均反应时/ms	标准差	95% 置信区间	
				下限	上限
final_RT	冲突	5433.371	502.425	4409.965	6456.777
	一致	3758.766	323.445	3099.930	4417.603
d_RT	冲突	247.235	393.317	−553.926	1048.396
	一致	−1533.589	301.594	−2147.916	−919.262

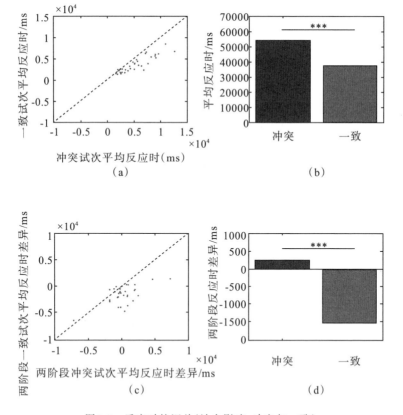

图9.3 反应时的汇总(社会影响:冲突与一致)

注：图9.3(a)表示的是每个被试的平均反应时的情况(冲突与一致)；图9.3
(b)表示的是所有被试总平均反应时的情况(冲突与一致)；图9.3(c)表示
的是每个被试两阶段平均反应时变化的情况(冲突与一致)；图9.3(d)表示
的是所有被试两阶段总平均反应时变化的情况(冲突与一致)。
***表示有显著性差异($P<0.01$)

　　反应时变化(d_RT)在一致和冲突情况下的配对样本 t 检验
结果显示，当大众选择和自己选择一致时，做出决策的反应时
改变(d_RT$_{一致}$＝－1533.589ms)会比在冲突情况下反应时的改
变(d_RT$_{冲突}$＝247.235ms)更小($t_{(32)}$＝－5.570,P＝0.000)；而且
在一致情况下为较大的负数，在冲突情况下为正数。上述结果
表明，当大众的选择和被试初始选择相同时，在重新进行投资
决策时会显著提高被试做出决策的速度[见图9.3(c),(d)]。而
当大众的选择和被试的选择不同时，则会引起较大的认知冲
突，使得被试重新花时间去加工信息，然后再做出决策，因此所
需要的决策时间更长了。图9.3(c)的结果表示，控制了初始决
策阶段的反应时差异以后，几乎所有被试均在大众选择与自身
选择产生冲突时花费了更长的时间来进行决策，更有趣的是在
一致的情况下所需要的决策时间显著减少了。以上结果表明，
被试在冲突和一致情况下，反应时的变化表现出了不同的趋势
而且呈现显著性的差异，在社会信息表现为冲突的情况下，个
体花费了更多的时间进行决策。

　　以上结果表明个体在发现大众选择与自己选择冲突之后，
会重新花时间加工信息。那么个体在加工完这些信息之后，会呈
现出不同的投资行为选择。既有可能表现出跟随大众的投资行
为即从众，也有可能坚持自己原来的选择，即不从众。接下来，我

们按照被试是否从众对每个被试的实验试次进行分类,比较做出从众决策和不从众决策的反应时差异。配对样本 t 检验显示,做出从众决策的反应时要显著大于做出不从众决策的反应时（ $RT_{从众}$ =5821.7ms, $RT_{不从众}$ =4995.1ms; $t_{(32)}$ =2.639, P =0.013）。从图9.4(a)中我们可以看到,几乎所有的被试在选择从众时花费了更多的时间,大部分被试分布在对角线以下区域。整体上也表现出了个体在从众试次的反应时会更长[见图9.4(b)]。

同样为了控制借款项目以及个体差异,我们对个体做出从众决策和不从众决策的试次反应时变化(d_RT)进行比较(见表9.2)。配对样本 t 检验显示,做出从众决策的反应时变化要大于做出不从众决策的反应时变化（ $d\_RT_{从众}$ =398.516ms, $d\_RT_{不从众}$ =339.490ms; $t_{(32)}$ =0.160, P =0.874）,但是并不显著[见图9.4(c), (d)]。以上统计结果说明可能是在初始投资阶段反应时更长的试次,被试在再次选择时更有可能从众。因为初始阶段反应时越长,代表做出决策的不确定性就越强,因此个体再次选择时也更容易受到他人的影响而产生从众行为。

表9.2 反应时的结果汇总(行为改变:从众与不从众)

	行为选择	平均反应时/ms	标准差	95% 置信区间	
				下限	上限
final_RT	从众	6220.235	501.986	5197.723	7242.747
	不从众	5334.613	541.559	4231.494	6437.732
d_RT	从众	398.517	369.707	−354.551	1151.584
	不从众	339.490	431.568	−539.585	1218.565

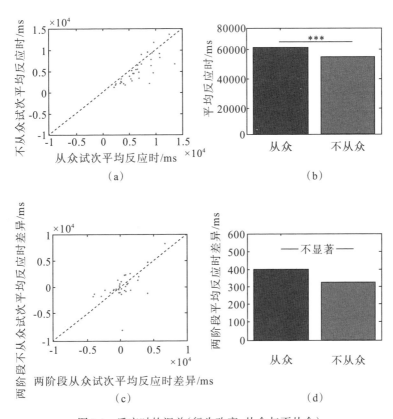

图9.4 反应时的汇总(行为改变:从众与不从众)

注:图9.4(a)表示的是每个被试平均反应时的情况(从众与不从众);图9.4
(b)表示的是所有被试总平均反应时的情况(从众与不从众);图9.4(c)表
示的是每个被试两阶段平均反应时变化的情况(从众与不从众);图9.4(d)
表示的是所有被试两阶段总平均反应时变化的情况(从众与不从众)。
***表示有显著性差异($P<0.001$)

(2)眼动数据分析

从信息加工的视角去考察社会影响的作用过程是本实验
的亮点,故我们引入了眼动的实验工具,希望能通过被试在决
策过程中的眼动数据来还原个体的决策过程,以帮助我们更好

地了解个体在投资决策时的信息加工模式。

通过SMI眼动仪的BeGaze软件,我们首先对投资页面中的信息进行兴趣区(Area of Interest,AOI)的划分,即对我们感兴趣的信息区域进行标记,并统计在该区域内的眼动数据。根据设计,我们的投资页面包括两个借款项目,每个借款项目上有信用等级信息、利率信息、金额信息和期限信息,我们把四种信息都划成兴趣区。此外,我们把每个借款项目区域也划成了兴趣区。而在最终投资阶段,我们还将社会信息(表示大众选择的小人)也作为兴趣区。本章主要使用的眼动指标如下:

对于兴趣区AOI来说:

①注视时长:对每一个兴趣区的注视总时长,表征对该兴趣区的重视程度,是表征注意力分配的重要指标。

②注视时长百分比:对每一个兴趣区的注视时长占投资页面总注视时长的比例。

③回视次数:对某个兴趣区的回视次数,表示对该兴趣区的信息非常感兴趣,需要进行多次比较,表示的是投资者对信息加工的深度。本章中主要考察的是同一投资页面中两个借款项目之间的回视次数。

对于整个投资页面来说,关注的眼动数据有:

①注视点数:表示被试在该页面所有的注视点个数,可以表征被试对信息的理解过程,以及决策的难易程度。

②注视频率:表示被试在该页面的注视频率,即注视点数与注视时长的比例,用以控制注视时长的差异;也可以表征被试决策的难易程度。

A.不同决策阶段的信息加工差异

我们首先比较,在无社会影响(初始投资阶段)和有社会影响(再次投资阶段)这两种情况下,被试对各种信息加工的差异。比较的眼动指标是各个兴趣区的注视时长和注视时长百分比,结果见图9.5和表9.3。

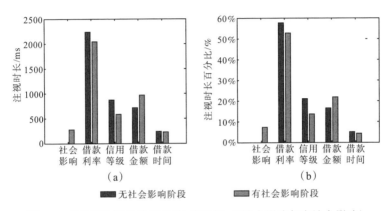

图9.5 兴趣区注视结果汇总(决策阶段:无社会影响与有社会影响)

从图9.5中可以看出,不管是有社会影响阶段还是无社会影响阶段,被试对借款利率、信用等级、借款金额和借款时间这四种信息的注视时间和注视时长百分比的模式基本上一致。在无社会影响的决策阶段,被试最关心的还是和自己利益最直接相关的信息(见图9.6),如借款利率(注视比例大于50%)和信用等级(注视比例大于20%)。在有社会影响信息的决策阶段(见图9.7),我们可以明显看到人们会对社会信息进行加工($P<0.001$)。而注视时间最长的仍然是与收益相关的借款利率(注视比例大于50%)。另外,我们发现,在有社会影响情况下,被试对借款金额的注视比例相比于无社会影响情

况下显著增加($P<0.001$),但是对信用等级的注视比例显著降低了($P=0.002$)。这说明在社会影响出现之后,被试对借款项目信息的加工策略发生了改变。

表9.3　兴趣区注视结果汇总(决策阶段:无社会影响与有社会影响)

		社会影响	借款利率	信用等级	借款金额	借款时长
注视时长/ms	无社会影响	无	2227.747	868.500	715.330	233.130
	有社会影响	271.512	2039.042	582.452	972.813	224.485
注视时长百分比/%	无社会影响	无	57.437	21.063	16.483	5.017
	有社会影响	7.301	52.960	13.676	21.906	4.157

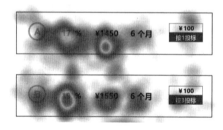

图9.6　某投资页面信息加工热点图(无社会影响阶段)

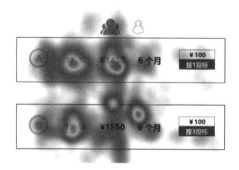

图9.7　某投资页面信息加工热点图(有社会影响阶段)

B.不同社会影响的信息加工差异

接下来我们进一步考察,社会影响提供的不同信息是否会
引起被试的差异化决策过程。故分析集中在有社会影响阶段,
社会影响的不同信息(一致与冲突)对决策过程信息加工模式
的影响。首先比较各个兴趣区的注视时长和注视时长百分比,
结果见图9.8和表9.4。

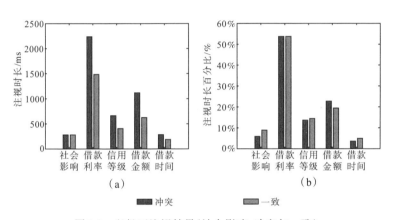

图9.8　兴趣区注视结果(社会影响:冲突与一致)

表9.4　兴趣区注视结果汇总(社会影响:冲突与一致)

		社会 影响	借款 利率	信用 等级	借款 金额	借款 时长
注视时长/ ms	一致	262.007	1552.376	475.913	622.326	178.284
	冲突	278.587	2263.153	634.293	1127.046	244.126
注视时长 百分比/%	一致	9.005	52.893	14.042	19.273	4.788
	冲突	6.484	52.948	13.580	23.003	3.985

从图9.8中我们可以看出,在冲突和一致两种情况下,被试
对社会信息的加工时长没有明显的变化,但是在其他四种信息

加工时间上有差异。配对样本 t 检验结果显示,在大众的选择与自己选择一致的情况下,被试对借款利率($P=0.000$)、信用等级($P=0.002$)、借款金额($P=0.000$)、借款时间($P=0.056$)的信息注视时长显著少于在冲突情况下的注视时长。但是不管是一致还是冲突,对五种信息的注视时长百分比是相似的(相关系数大于 0.8,$P=0.000$)。以上结果说明,在有社会影响的情况下,不论是一致还是冲突,不同的信息的重要性未改变,被试在决策过程中信息加工的策略没有改变。但是在大众的选择与被试选择一致时,除了社会信息,被试会明显缩短对其他四种信息的加工时间,并很快做出决策。

除了对不同兴趣区的加工差异进行讨论,我们还分析了对投资页面整体信息加工的差异,主要考察的眼动指标包括注视点数、注视频率和回视次数。注视点数和注视频率表征对该页面信息的关注程度,以及决策的难易程度。回视次数则表征被试在两个借款项目之间的比较次数,可以反映个体决策的加工过程。个体比较的次数越多,则说明加工得越精细(Krajbich et al.,2012;Krajbich & Rangel,2011)。

研究结果发现,社会信息呈现之后,在大众的选择与自己选择冲突的情况下,注视点数、注视频率都会显著大于在一致情况下的数据(见表9.5),说明社会信息的不同引起了整体加工上的差异。对于回视次数,我们发现,冲突情况下,被试的回视次数会显著高于一致情况下的次数,说明人们在冲突情况下会进行更多的比较。图9.9(a),(c),(e)表示每个被试的冲突和一致情况下的注视点数、注视频率和回视次数的情况。可以发现大部分的被试均表现为冲突时比一致时耗费更多的注意力。
而图9.9(b),(d),(f)则表明了整体上人们在冲突情况下会比一致情况下使用更多的注意力资源。

表9.5 投资页面眼动指标汇总(社会影响:冲突与一致)

	决策阶段	注视点数	注视频率	回视次数
冲突	有社会影响	19.093	2.035	4.970
	两阶段的差	0.764	0.011	-0.194
一致	有社会影响	13.660	1.832	3.322
	两阶段的差	-4.771	-0.197	-1.926

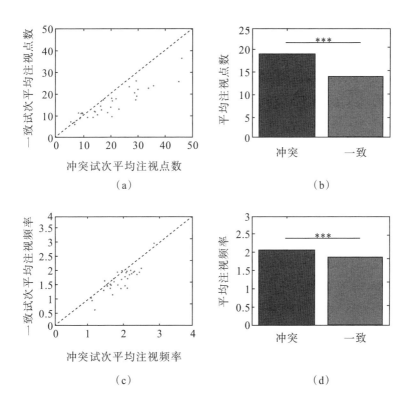

(a)

(b)

(c)

(d)

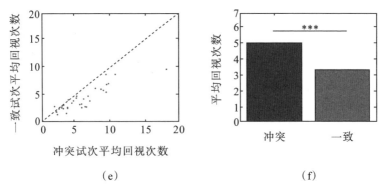

（e）　　　　　　　　　　　　　（f）

图9.9　投资页面眼动指标汇总(社会影响:冲突与一致)

注:图9.9(a)表示的是每个被试平均注视点数(冲突与一致);图9.9(b)表示的是所有被试总平均注视点数(冲突与一致);图9.9(c)表示的是每个被试平均注视频率(冲突与一致);图9.9(d)表示的是所有被试总平均注视频率(冲突与一致);图9.9(e)表示的是每个被试平均回视次数(冲突与一致);图9.9(f)表示的是所有被试总平均回视次数(冲突与一致)。

***表示有显著性差异($P<0.01$)

　　与行为数据相同,我们在该阶段(有社会影响)也控制了初始决策阶段(无社会影响)的影响,将所有眼动指标两阶段的差作为结果,再次进行统计分析(见表9.6)。发现在控制了初始投资的影响之后,被试还是表示出在冲突情况下花费了更多的注意力资源,但是在一致情况下普遍降低了注意力资源的分配(见图9.10)。这说明当大众选择与被试选择一致时,被试降低了自己的加工深度和时间;而当大众选择与被试选择冲突时,被试增加了自己的加工深度和时间。

表9.6　投资页面眼动指标统计检验结果(社会影响:冲突与一致)

	决策阶段	冲突——一致		t	显著性(双尾)
		平均值	标准误差		
注视点数	有社会影响	5.433	0.796	6.824	0.000
	两阶段的差	5.535	0.949	5.834	0.000
注视频率	有社会影响	0.203	0.040	5.021	0.000
	两阶段的差	0.209	0.056	3.759	0.001
回视次数	有社会影响	1.648	0.278	5.925	0.000
	两阶段的差	1.733	0.331	5.234	0.000

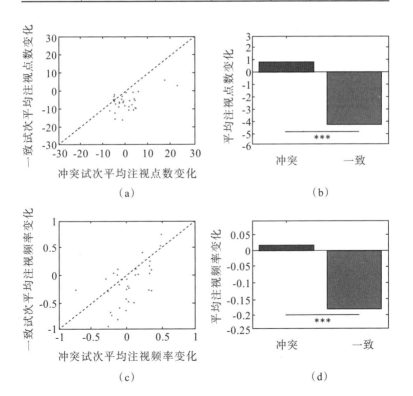

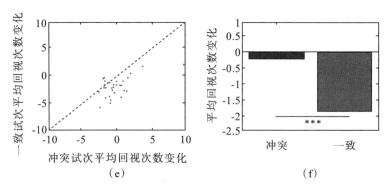

图9.10　两阶段投资页面眼动指标差异(社会影响:冲突与一致)

注:图9.10(a)表示的是每个被试两阶段平均注视点数变化(冲突与一致);
图9.10(b)表示的是所有被试两阶段总平均注视点数变化(冲突与一致);
图9.10(c)表示的是每个被试两阶段平均注视频率变化(冲突与一致);图
9.10(d)表示的是所有被试两阶段总平均注视频率变化(冲突与一致);图
9.10(e)表示的是每个被试两阶段平均回视次数变化(冲突与一致);图
9.10(f)表示的是所有被试两阶段总平均回视次数变化(冲突与一致)。
***表示有显著性差异($P<0.01$)

C.不同决策选择的信息加工差异

最后我们在社会影响提供的信息为冲突的情况下,对被试
做出不同决策选择(从众与不从众)的信息加工过程进行比较分
析。与前文一致,首先分析的眼动指标是上述五个兴趣区的注视
时长和注视时长百分比。从图中我们可以看出,在从众和不从众
的情况下,对各个信息的注视时长百分比基本上一样[见表9.7,
图9.11(b)],统计上也无显著性的差异。但是,在不从众的情况
下,对所有兴趣区的注视时长会小于从众情况下的时长,虽然差
异并不显著[见图9.11(a)]。但也表明最后做出从众决策时,被
试会花费更多的时间和注意力资源。

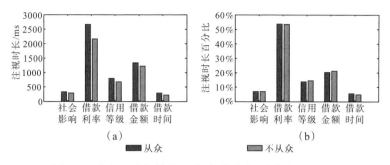

图 9.11　兴趣区注视结果汇总(行为改变:从众与不从众)

表 9.7　兴趣区注视结果汇总(行为改变:从众与不从众)

		社会影响	借款利率	信用等级	借款金额	借款时长
注视	从众	315.306	2695.038	731.305	1228.215	269.884
时长/ms	不从众	275.290	2244.289	610.822	1115.373	236.466
注视时长	从众	6.707%	53.308%	13.022%	22.685%	4.278%
百分比	不从众	6.601%	53.120%	13.613%	22.912%	3.754%

　　接着,我们对注视点数、注视频率和回视次数这三个指标进行统计分析。结果显示,被试选择从众时的平均注视点数、注视频率和回视次数都会高于选择不从众时的数据(见表9.8)。综上而言,被试做出从众的决策前会进行更多的认知加工(见图9.12)。

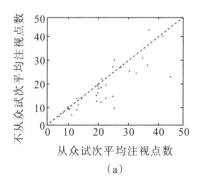

(a)

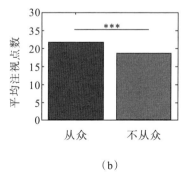

(b)

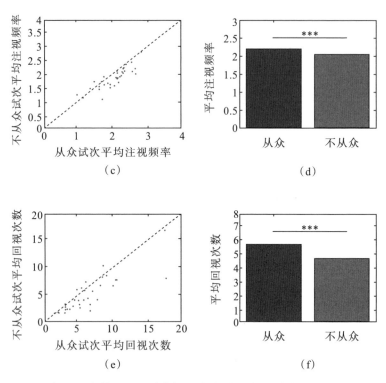

图9.12 投资页面眼动指标汇总(行为改变:从众与不从众)

注:图9.12(a)表示的是每个被试平均注视点数(从众与不从众);图9.12
(b)表示的是所有被试总平均注视点数(从众与不从众);图9.12(c)表示的
是每个被试平均注视频率(从众与不从众);图9.12(d)表示的是所有被试
总平均注视频率(从众与不从众);图9.12(e)表示的是每个被试平均回视
次数(从众与不从众);图9.12(f)表示的是所有被试总平均回视次数(从众
与不从众)。

***表示有显著性差异($P<0.01$)

表9.8　投资页面眼动指标结果汇总(行为改变:从众与不从众)

	决策阶段	注视点数	注视频率	回视次数
从众	有社会影响	21.427	2.102	5.713
	两阶段的差	1.306	−0.024	−0.068
不从众	有社会影响	18.729	2.011	4.817
	两阶段的差	0.940	−0.016	−0.131

通过配对样本 t 检验分析可以得到,在有社会影响阶段,不从众的试次的三个眼动指标均小于从众试次的三个指标(见表9.9)。而当我们控制了初始投资阶段的眼动指标差异时,发现这三个指标的变化在从众和不从众的情况下差异不明显(见图9.13)。这说明第二阶段做出从众选择的那些项目,在第一阶段决策时,已经有了认知加工的差异,这跟行为数据分析得到的结果一致。

表9.9　投资页面眼动指标统计检验结果(行为改变:从众与不从众)

		从众−不从众		t	显著性(双尾)
		平均值	标准误差		
注视点数	有社会影响	2.698	1.028	2.626	0.013
	两阶段的差	0.366	1.240	0.295	0.770
注视频率	有社会影响	0.091	0.039	2.335	0.026
	两阶段的差	0.007	0.090	0.081	0.936
回视次数	有社会影响	0.896	0.357	2.511	0.017
	两阶段的差	0.063	0.540	0.116	0.909

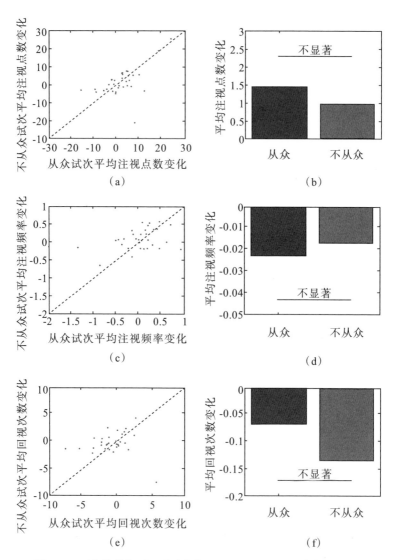

图9.13　两阶段投资页面眼动指标差异(行为改变:从众与不从众)

注:图9.13(a)表示的是每个被试两阶段平均注视点数变化(从众与不从众);图9.13(b)表示的是所有被试两阶段总平均注视点数变化(从众与不从众);图9.13(c)表示的是每个被试两阶段平均注视频率变化(从众与不

从众);图9.13(d)表示的是所有被试两阶段总平均注视频率变化(从众与不从众);图9.13(e)表示的是每个被试两阶段平均回视次数变化(从众与不从众);图9.13(f)表示的是所有被试两阶段总平均回视次数变化(从众与不从众)。

研究讨论

本实验通过设计两阶段的网络借贷投资决策任务,发现个体的投资决策会受到大众选择信息的影响,并会跟随大众的选择而改变自己的初始选择,发生从众行为。

当大众的选择与自己初始的选择存在冲突时,人们选择从众的比例有34.73%。这与之前基于二手数据分析的研究结果一致(Deng et al.,2016;Zhang & Liu,2012;Zhang & Chen,2017)。这些研究发现,项目的借款进度越快,人们就越会选择这个项目,而在实证研究中借款进度表征的就是大众的选择,所以本研究首先很好地验证了借贷平台上出现的从众行为。

此外,本实验通过眼动实验,发现了在无社会信息和有社会信息的决策阶段,个体决策过程中的信息加工模式存在差异,不同社会信息(一致或冲突)会改变个体的信息加工模式。另外,做出不同行为选择(从众或不从众)之前个体的信息加工方式也存在差异。我们通过这三个层次的讨论,进一步阐述了社会影响在个体投资决策过程中作用的信息加工机制。

(1)不同决策阶段的信息加工模式

在有无社会影响的阶段,个体的信息加工策略不同,表现在对不同的信息的关注时长百分比不同。在无社会影响的初始选择阶段,个体整体上最关注的是借款利率,即和投资最相关的投资收益;其次是信用等级,信用等级跟风险有关,是投资者可以获得相应回报的概率,故也是和投资者的收益最相关的一个指标。但是个体对其他信息包括借款金额以及借款时间关注得相对较少。上述结果说明,在本实验所设计的网络借贷投资任务中,对个体决策来说最重要的信息是借款利率和信用等级。但是在有社会影响的再次投资阶段,个体最关心的信息为借款利率和借款金额。这是非常有趣的一个结果,因为在实验中,个体投资金额是固定的100元,所以项目的借款金额多少并不会对个体的收益产生影响,但是在有社会影响的阶段,个体对借款金额给予了更多的注意力。这也意味着,个体在重新进行投资决策的时候,虽然面对的是两个相同的款项,但是对信息的关注比例发生了改变,说明个体采用的决策策略可能已经发生了改变。

此外,通过眼动结果表明在有社会影响阶段,个体会对社会信息进行加工并且占有一定的比例。通过统计分析,我们发现个体对社会信息的关注比例达到7%以上,表明社会信息对投资者来说是相对重要的信息,在决策过程中会被采纳和分析。

以上结果说明,大众的选择信息出现之后,会改变个体重新决策时的信息加工策略。个体会将大众的选择信息考虑在内,并在综合其他信息之后,做出决策,而不是仅仅看完大众的选择之后马上做出决策。

(2)不同社会影响的信息加工模式

笔者观察到个体在他人选择与自己选择冲突时,个体的反应时、注视时长、注视点数、注视频率以及回视次数均显著性大于一致情况。而且在冲突情况下,个体对风险等级、借款利息、借款金额和借款期限这四个项目信息的注视时长都要大于一致情况,但是个体对于这个四个项目信息兴趣区的注视时长百分比相同。结果说明在第二阶段不论是一致还是冲突情况,对于个体来说各个项目信息的重要性在两种情况下是无差异的,所以关注比例的模式在两种情况下保持不变。不同社会影响对信息加工模式的影响主要表现在信息的加工深度上。以往研究发现,注视点数和注视频率跟认知加工的深度有关,注视点数和频率越高,意味着人们对信息更加关注,加工程度越深(王求真等,2012;王求真等,2014;Djamasbi et al.,2010;Vertegaal & Ding,2002)。这说明,相比于一致的情况,在冲突时个体对决策页面信息的加工更加深入。另外一个反映信息加工深度的指标是回视次数。研究发现,回视次数和认知加工过程的难易程度有关(Krajbich & Rangel,2011)。比如,当两个选项之间的效用差异越小,个体在两者之间做出选择的难度就越大,相应的回视次数越多(Krajbich et al.,2010;Krajbich et al.,2012)。在本研究中,我们所统计的回视次数是指在两个借款项目之间来回浏览的次数,并且在冲突情况下更大。这说明跟大众选择冲突时,增加了被试重新决策的难度,从而付出更多的认知资源在两个项目之间进行比较。以上结果表明,当与大众选择冲突时,个体在重新做出决策时会调用更多认知资源进行加工。

一项关于消费者购物决策的眼动实验发现,当评论的呈现内容与商品的类型一致时,消费者会选择启发式的加工方式;

而当消费者自身对产品的感知与所接收到的外界刺激信息(如网页上其他消费者的评价)相违背时,则会增加认知加工,处理信息的时间变长(刁雅静等,2017)。Goodstein(1993)在一项广告研究中也发现,当出现的广告类型与消费者脑中固有模式一致时,消费者会采用基于情感的启发式加工;而当产生冲突时,则会调用更多的认知资源进行碎片化的信息整合加工。

另外,在选择冲突情况下,信息加工程度的增加也可能是因为个体体验到的认知失调。根据认知失调理论,冲突本身会带来认知失调,而要弥补认知失调,需要花费更多的认知资源去找到合适或者匹配的模式(Klucharev et al.,2011;van Veen et al.,2009)。一项关于团购网站的社会影响研究发现,当消费者的选择与他人尤其是朋友的购买信息不一致时,会引起很强的认知失调,从而给消费者带来负性的情绪,导致脑电 alpha 频率震荡减弱(Kuan et al.,2014)。Alpha震荡与认知负荷有关,当个体认知符合度越高,震荡越低(Babu et al.,2018)。所以此时消费者调用了更多的认知资源去解决认知失调。综上结果,当被试看到大众的选择与自身的选择冲突时,会产生认知失调。为了解决这种冲突,个体会调用更多的认知资源,重新对两个借款项目进行加工和对比,并做出新的判断。而在一致的情况下,首先个体没有认知失调的问题要解决,其次,与他人一致会给个体带来正性的情绪。所以此时个体调用认知资源减少,对信息的加工程度减弱。

(3)不同决策选择的信息加工模式

笔者将所有冲突的试次根据被试在第二阶段的决策结果

分为从众组和不从众组,然后比较了眼动指标在两组间的差异。

通过对不同信息兴趣区眼动数据的分析,笔者发现在从众组和不从众组,所有信息的注视时长和注视比例都没有差异,说明个体不管做出从众还是不从众的行为,对项目信息的关注和加工程度模式基本上是统一的。但在注视点数、注视频率和回视次数这三个眼动指标上,从众组与不从众组存在显著性的差异。选择从众要比选择不从众会引起更多的注视点数、注视频率和回视次数。研究发现,这三个眼动指标越大,说明个体调用了更多的认知资源,进行了更加深入的加工(王求真等,2012;王求真等,2014;Djamasbi et al.,2010;Krajbich & Rangel,2011;Vertegaal & Ding,2002)。以上数据结果表明,相比不从众,做出从众的决策会占用更多的认知资源进行加工,虽然对特定信息的注意力分配没有差异,但是整体的加工程度更深了。

所以,本实验的网络借贷投资任务中,个体在投资过程中存在的是一种经过了深思熟虑、深度加工后的理性的从众行为(冯博等,2017;廖理等,2015;Zhang & Chen,2017;Zhang & Liu,2012)。因此,我们从信息加工的角度为网络借贷中存在的理性从众行为提供了证据。

本章小结

本章利用一个依托于真实的网络借贷情境的眼动实验,从投资者行为改变的角度进一步证明了社会影响在网络投资决策中的作用；并基于决策过程，从信息加工角度进一步探究社会影响对投资决策的作用机理。

　　本章主要讲述的研究发现在社会影响的作用下，个体在决策过程中会使用不同的信息加工模式。当社会影响出现时，个体会改变独立决策时所采用的信息加工策略。而当社会影响呈现出不同的信息（一致或冲突）时，个体也产生了不同的认知响应（反应时、注视点数、注视频率、回视次数），对项目信息区域的加工深度也发生了变化。结果说明，与大众选择不一致会使得个体调用更多认知资源来重新做出决策。同时，个体选择从众比选择不从众，信息加工的程度更深，会占用更多的认知资源。这说明在本实验中发现的个体从众行为是一种理性的行为。

第四部分 社会影响下个体网络投资行为的预测

第10章 个体从众行为的理论解释与神经基础

强化学习理论是用来解释社会影响下个体行为改变的主要理论,也有部分研究从情绪的调节过程或者认知冲突的角度去解释这一行为改变。随着认知神经科学方法在社会影响研究中的应用,上述解释理论在神经活动层面都得到了进一步的验证(Cascio et al.,2015;Falk et al.,2011;Izuma,2013;Morgan & Laland,2012;Schnuerch & Gibbons,2014)。接下来,我们将从强化学习理论和情绪调节这两个角度对从众行为的认知过程进行介绍。

强化学习过程

强化学习(Reinforcement Learning)理论认为,当个体的某个行为会引起环境正向的奖励(强化信号),那么该信号反馈给个体该行为是有效的,个体之后再次采取该行动策略的概率便会增强;但如果当个体采取的某个行为引起了环境负向的惩罚,那么反馈的信号就会告诫个体该行为不可取,从而该行动策略之后再被采取的概率便会降低。由于外部环境提供的信息较少,个体必须通过自己不断地尝试学习,去找到最佳的方案以适应环境的变化(Skinner,1981)。

在社会影响的作用过程中,用强化学习理论做出的解释如下:当个体感受到大众的选择和自己的选择不同的时候,会产生一个错误的预测信号,来指导大脑调整后续的行为。当感受到大众的选择和自己的选择相同的时候,会产生一个奖励的预测信号,来强化之后的行为。在这样不断强化下,个体和大众的选择会越来越趋同(Campbell-Meiklejohn et al.,2010;Klucharev et al.,2009;Shestakova et al.,2012)。

Klucharev等2009年发表在*Neuron*上的文章首次提出了该观点,他们利用颜值判断的实验范式来探究社会规范(群组意见)对从众行为的影响。在实验的第一个阶段,被试会浏览一些人脸的照片,并对其漂亮程度进行打分。当被试打完分之后会显示群组打分的平均分(在实验指导语中事先告诉被试群组的打分是欧洲人的平均打分)。实验的第二个阶段在30分钟之后进行,被试重新对第一阶段出现的人脸漂亮程度进行打分,但是不会显示群组的平均分。研究结果表明,当被试看到群组的评分时,侧扣带区(Rostral Cingulate Zone,RCZ)和伏隔核(Nucleus Accumbens,NAcc)激活了。很多的证据表明,RCZ在行为检测中与冲突和错误的检测有关,尤其是探测到不喜欢的结果的时候,如金钱的损失,该区域激活会增强(Ridderinkhof et al.,2004);当失败的可能性很高的时候或者因自己的目标可能达不到而需要调整时,RCZ会激活。NAcc是和奖赏的期待有关的脑区(Holroyd & Coles,2002),当厌恶的结果出现的时候其激活程度降低;当期待的结果出现的时候其激活程度增加(Knutson & Cooper,2005; Knutson & Wimmer,2007)。Klucharev的结果显示,当群组评分和被试的评分产生冲突的情况下,RCZ脑区激活的程度更加明显,然而此时NAcc的激活程度却减弱了。这说明不一致的情况下,传递给了被试一个错误的信号。当群组评分和被试的评分一致的时候,奖励有关的脑区NAcc激活程度更强,说明被试会认为这是对自我价值的肯定和奖励,是一种奖励的信号,进而强化这种行为来适应群组的规范(Klucharev et al.,2009)。Nook和Zaki(2015)在食品偏好评分的研究中,也发现了伏隔核在大众评分和被试评分一致时的激活程度会比不一致时更强。

随后,Klucharev和同事们通过经颅磁刺激(Transcranial Magnetic Stimulation, TMS)的技术,发现当后额叶皮层(PMFC)被抑制后,相对于未采取任何干预措施的控制组,人们的从众行为会大幅度地减少(Klucharev et al.,2011)。以往的研究表明后内侧额叶皮层和冲突的探测(Botvinick et al.,2001),认知失调有关(van Veen et al.,2009)。而对该脑区进行抑制,使得个体感知到的冲突和认知失调减弱,因此从众的行为也相应减少(Klucharev et al.,2011)。该研究结果也间接说明从众行为是一个强化学习的过程。

情绪调节过程

除了强化学习理论,也有部分研究认为从众的过程是一个基于情绪的调节过程。该观点主要认为社会规范的压力会引起个体的焦虑和情绪、认知失调(Berns et al.,2010;van Veen et al.,2009),人们调整行为是为了减少焦虑的情绪。

Berns 等 2005 年发表了第一篇文章来探究从众中的情绪过程。他们认为人们之所以选择从众不是因为从众是社会交互的一部分,而是因为孤立选择所带来的不愉快的情绪使得他们会觉得他人的选择更加具有吸引力。在他们的实验中,被试需要判断一个图形是否是原图形旋转后的结果,同时会提供其他四个参与者的答案。结果发现,当被试的答案和其他四个参与者的不同时,杏仁核(Amygdala)的激活程度最强烈。但是当答案是来自于电脑自动选择的,而且与被试的不一样时,杏仁核并没有明显激活。杏仁核和负性情绪的处理过程有着非常密切的关系。以上结果说明,只有当被试感觉自己违反了群组的规范的时候,才会引起较大的负性情绪。

在 Berns 的另外一项研究中,他们让被试先听歌曲,并对歌曲的喜欢程度进行 1~5 分的打分。然后向他们显示歌曲的流行程度,并让被试再一次对喜欢程度进行评分。研究结果显示,当歌曲的流行程度与被试的评分差异比较大的时候,前脑岛(Anterior Insula)和前扣带回皮质(Anterior Cingulate Cortex, ACC)激活程度增加。这两个脑区和情绪的唤醒以及负性情绪加工有关。这表明此时被试经历了负性的情绪,而且前脑岛激活程度越强的人,会表现出更加趋同的行为,即第二次评分会接近流行程度的分数。该研究说明,认知、情绪失调感越强的人,会表现出更明显的从众行为(Berns et al.,2010)。

　　综上,从情绪调节过程的角度来看:当个体和大众行为产生冲突的时候,会产生负性的情绪,为了减弱这种负性的情绪,个体会选择跟随大众的行为。

第11章 个体金融投资行为的预测 与神经基础

是否进行某项风险投资,购买某项产品,又或者参与某次拍卖,这些都被称为金融决策。与传统脑成像研究探究刺激怎样影响脑区激活的主要逻辑不同,当前神经科学家已经开始将目光转向大脑活动能否预测随后的金融行为(Knutson & Bossaerts,2007)。越来越多的学者选择采用大脑活动的数据和自陈报告数据相结合的方式来描述个体的行为机理(Knutson et al.,2007),甚至有的研究用这些数据成功预测了市场中的群体行为模式(Berns & Moore,2012;Boksem & Smidts,2015;Falk et al.,2011;Genevsky & Knutson,2015;Genevsky et al.,2017)。

很多研究发现前脑岛激活与预期害怕、预期损失以及体验有关。例如,Paulus等人(2003)发现,当被试选择风险而非安全选项时右脑岛激活显著增强,而在受惩罚后脑岛激活水平与选择安全选项概率相关;风险选项与受罚选项相比,两侧脑岛与左顶上叶区激活更强,脑岛激活水平与个体损失回避程度相关。这表明,前脑岛激活作为一个重要的神经机制可以指导风险情境下的个体决策行为。另外,Samanez-Larkin等人(2003)的研究表明前脑岛激活不仅牵涉到预期金钱损失,它还能预言个体数月之后的行为损失回避能力。Knutson等人(2008)的一项研究显示,在决定购买称心产品和选择高风险博彩前,伏隔核特别活跃,而在抵制要价过高的产品和选择低风险博彩前,前脑岛特别活跃。这表明大脑可能存在着某个可信的神经框架,能够帮助理解预期情感是如何影响金融选择的。

Kuhnen等人(2005)设计了一个金融投资决策实验,被试在两种股票①和一种债券之间进行投资决策。研究发现,被试投资风险产品或者做出错误的风险决策前(2s前),伏隔核区特别活跃;相反,当被试投资债券这类无风险产品前,大脑前脑岛被激活。这表明,赌博之类寻求风险的选择与购买保险之类厌恶风险的选择可能分别是由伏隔核和前脑岛两个不同的神经回路所驱动的,并且两者之间的不同激活会导致个体风险偏好的改变:如果伏隔核被激活,个体就可能做出高风险投资决策;相反,如果前脑岛被激活,个体则可能做出相对安全的无风险的决策。

Boksem和他的同事(2015)在研究中发现,大脑的活动数据会比行为数据在预测电影票房时有更高的解释力度。他们在实验中让观众观看电影预告片,同时测量观众观看预告片时的实时情绪(自陈报告和脑电数据),他们对预告片的喜爱程度以

---

① 每一组试验前(即每组Block前),在被试不知情的情况下,一只股票被设定为“坏”股票(50%概率亏10美元,25%概率为0,25%概率赚10美元);相反,另一只股票被设定为价格上涨、投资成功的“好”股票(50%赚10美元,25%概率为0,25%概率亏10美元)。

及愿意为其支付的费用。作者用这些数据来预测电影上映后的票房情况。实验结果表明，虽然自陈报告的情绪和电影最终的票房有一定的相关关系，但是解释的力度非常小，只有15%。但是当加入了情绪相关脑电指标后，整体模型的解释力度就大幅提升到41%。

Genevsky和Knutson（2015）在P2P借贷的情景下，利用小样本的神经活动数据，提高了对市场投资行为的预测精度。实验结果显示，内侧前额叶皮质（MPFC）和伏隔核（NA）这两个脑区的激活程度可以很好地预测投资者是否愿意借款，此外，伏隔核还能预测真实的市场投资行为。

综上而言，与认知神经科学的交叉研究，不仅能够给研究者带来更多有价值的数据，还能结合大脑活动数据，提高对个体行为决策，甚至是市场行为的预测力。

第12章 个体金融投资决策中从众行为的预测

　　社会影响下个体行为的改变跟大脑的认知活动相关。Klucharev等(2009)的研究表明个体的从众行为与大脑中错误预测和奖赏相关的脑区活动有关。当错误信号(跟别人不一致)或者奖励信号(跟别人一致)在伏隔核(NA)脑区产生之后，大脑会将该信号传递给侧扣带回(RCZ)，即行为调整有关的脑区，并指导随后的行为调整。在之后的研究中，Klucharev等(2011)利用经颅磁刺激技术干预后内侧额叶皮质(PMFC)的活动，发现当该脑区被抑制之后，被试的从众行为减弱，说明PMFC这个脑区与个体的从众行为相关。

　　Shestakova等(2012)在一项研究中，发现了和从众行为有关的脑电成分——晚期P3成分。他们根据被试最终的行为将其分为从众组和不从众组，发现了在信息加工阶段，在这两组情况下，被试在P310和P380这两个脑电成分上存在差异。另外有研究表明，当个体接收新的信息的时候，会将其与原有的信息整合，从而指导自己做出新的判断，这个过程往往会诱发与高级认知相关的P300成分 (Donchin & Coles, 1988;

Polich ＆ Kok,1995)。综上,我们认为P300应该与个体做出的行为响应(从众行为)有非常密切的关系。

在以上研究的基础上,笔者设计一项脑电实验研究,这项研究基于真实的众筹交易场景,找到了在社会影响下与个体从众行为相关的脑电指标,进而从认知层面剖析从众行为的形成机制,帮助揭示了社会影响在个体网络投资决策过程中对行为的作用机制。

研究设计

(1)被试

我们一共招募了30名浙江大学的学生(其中男生24人,女生6人;$M_{年龄}＝22.73$岁,$SE_{年龄}＝2.21$)参与实验。所有被试均满足实验的要求(无色盲色弱,矫正视力正常,均为右利手,无网络投资经验),在实验前都了解实验流程并签署实验知情书。

在实验数据采集过程中,有2人由于实验设备原因未采集到完整的脑电数据;在数据分析过程中,发现1人存在过多的伪迹,1人的投资意愿打分情况过于极端(集中在7分,8分)。因此,在最后的分析中,我们将以上4人的数据剔除,最后一共采用了26名被试的数据。

(2)实验材料

我们使用Python 2.7来编写和呈现刺激材料。为了模拟真实的投资环境,该实验使用了真实的众筹投资项目,我们从"京东众筹"网站上选择了100张营利性非股权众筹项目的图片(见图12.1)作为刺激材料。所有图片通过Photoshop处理成790像素×400像素大小,图片中右边展示产品图片,左边简单地展示产品信息。

图12.1 筹款项目示例

(图片来源:众筹网站京东金融[1])

(3)实验设计

在该实验中,我们测量了被试对项目的投资意愿(1~8分),且呈现大众的平均投资意愿作为社会信息。我们告诉被试大众对项目平均投资意愿是前期通过行为实验收集的50个被试的平均结果,但事实上这些分数都是在程序里提前设定好的。被试投资意愿分数和大众投资意愿分数的差异就是冲突,我们将冲突划分为2(大小,即大,小)×2(效价,即正,负)共四种不同类型。即设置了3,2,1,0,−1,−2,−3这七种大众打分与个体打分的冲突。但是最后我们主要考虑±3(大冲突),±1(小冲突)和0(无冲突)的情况,设置±2是为了避免被试怀疑大众评分的真实性,但在最后的分析中我们将±2的情况排除(在实验中±2只出现10次)。最后的分析包含正性冲突(30次)、负性冲突(30次)和无冲突(30次);同时也可分为大冲突(30次)、

---

[1] 图片来源:京东金融众筹项目,详见 http://z.jd.com/bigger/search.html?categoryId=10&from=header

小冲突（30次）以及无冲突（30次）。

正式实验分为两个阶段，每个阶段会分成两部分进行，每部分之间需要休息2~15分钟，以确保被试不会因持续完成任务而导致疲劳（见图12.2）。在实验的第一个阶段，被试完成对100个借款项目的投资意愿打分，每部分是50个项目。每一个试次会从一个"＋"开始，以提醒被试集中注意力。接下来，被试会看到一个众筹项目。在观察3000ms之后，被试可以选择进入到下一个页面或者继续浏览。下一个页面是评分页面，被试需要对自己的投资意愿打分（1~8分量表，1表示非常不愿意，8表示非常愿意）。被试通过移动三角形光标来完成打分，按数字键1则光标往左移，按数字键3则光标往右移，按2则表示确认。接下来，被试需要对自己刚才进行投资决策的信心程度打分（1~7分量表，1表示低信心，7表示高信心），打分按键方式同上。信心程度评分完毕之后，屏幕上会同时呈现大众的平均投资意愿（用红色的框表示）和投资者初始的投资意愿（用绿色的框表示）。呈现1000ms之后消失，开始下一轮决策。

第二阶段的实验大概会在第一阶段结束20分钟后进行。但被试一开始并不知道有第二阶段的任务。第二阶段的任务跟第一阶段的基本上一致，被试需要对刚才的100个借款项目重新进行投资意愿（1~8分量表，细节如上）和决策信心打分（1~7分量表，细节如上）。但是每一个项目不再显示大众的平均投资意愿（即社会影响信息不再呈现），也不会呈现投资者的初始投资意愿。

在正式实验开始之前，会有5次的练习程序以帮助被试了解实验的流程。

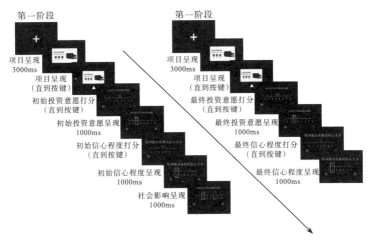

图 12.2　本研究实验流程

实验结果

为了找到和个体是否从众相关的脑电指标,我们按照之前的研究,根据被试后续的行为(是否从众)将每个人在冲突条件下的投资项目分为从众与不从众两类(Shestakova et al., 2012)。然后对比在这两组情况下,个体在社会信息加工阶段的脑电差异。

如图 12.3 中的波形图所示,我们在 450ms 左右发现了明显的 P300 成分,所以我们选择 300~600ms 时间窗内的平均值作为 P300 幅值,从图 12.3 中的脑地形图可以看出,该成分主要分布在顶区,所以我们选取"CP1""CPz""CP2""P1""Pz"和"P2"这六个电极点进行统计分析。描述性统计结果见表 12.1。

通过 2（从众行为，即从众，不从众）×6（电极点，即"CP1"
"CPz""CP2""P1""Pz""P2"）的重复测量方差分析（结果见表
12.2），我们发现从众行为的主效应显著（$F_{(1,25)} = 6.249$；$P = 0.019$；$\eta^2 = 0.200$），被试选择从众的情况下，P300 振幅更大
（$M_{从众} = 5.968\mu V > M_{不从众} = 5.118\mu V$）。电极点的主效应不显
著（$F_{(1,25)} = 0.998$；$P = 0.386$；$\eta^2 = 0.038$），两者的交互作用也不
显著（$F_{(5,125)} = 0.353$；$P = 0.833$；$\eta^2 = 0.014$）。

表 12.1 与从众行为相关的 P300 振幅描述性统计

从众行为	平均值	标准误差	95% 置信区间	
			下限	上限
从众	5.968	0.640	4.650	7.286
不从众	5.118	0.541	4.005	6.231

表 12.2 与从众行为相关的 P300 重复方差测量结果

	F	显著性（P 值）	效应量 η^2
从众行为	6.249	0.019	0.200
电极点	0.998	0.386	0.038
从众行为×电极点	0.353	0.833	0.014

上述结果表明 P300 成分与个体是否从众有关，为了进一步
验证 P300 是否能够预测从众行为，我们提取了每个被试在每个
冲突试次（Single-Trial-Level）在 CPz 点（300~600ms）的平均 P300
值以及社会信息的冲突大小作为自变量，是否从众作为因变量进
行逻辑回归，结果显示 P300 的振幅和是否从众显著相关，当 P300
的振幅越大时从众的可能性越大（Coef. = 0.018，$P = 0.029$）。

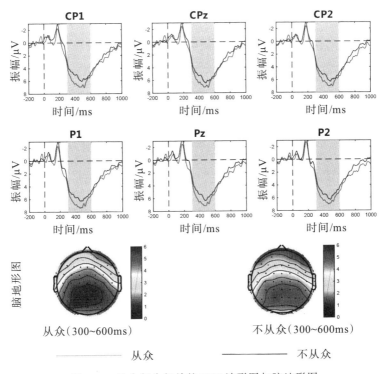

图12.3　从众行为相关的P300波形图与脑地形图

实验结论

在本实验中,笔者从认知加工的角度找到了和个体从众与否相关的脑电指标。通过对被试后续行为的划分,笔者将每个被试所有的实验试次分为从众组和不从众组,并发现了P300成分在两组之间有明显差异,从众组诱发了更加大的P300成分。根据P300的背景更新假说,当个体接收到一个信息时,如果该信息与大脑中原有的信息有差别,就会调用更多的注意力资源,对信息进行加工并整合到原来的信息库,从而更好地指导之后的行为,在这个过程中往往伴随着更大的 P300 成分(付辉建,2016;Donchin & Coles,1988;Polich & Kok,1995)。已有研究发现,P300 与注意力资源的分配相关,分配到的注意力资源越多,P300 就越大(San Martin,2012;Yeung & Sanfey,2004;Wang et al.,2015;Wang et al.,2019)。根据第 9 章的结果显示,人们做出从众行为需要进行更多的信息加工。在本研究中,人们在做出从众行为时,同样调用了更多的认知资源来整合大众的投资意愿信息,并对投资项目重新进行加工,所以引起的 P300 更大。以往也有研究发现了潜伏期差不多的 P310和 P380 成分与个体的从众行为相关(Shestakova et al.,2012)。本研究还通过逻辑回归分析验证了 P300 和从众行为的关系,P300 的振幅越大,个体就越有可能做出从众行为。

本章小结

本章基于真实的众筹交易情境,旨在挖掘与从众行为相关的脑电成分。对于个体从众行为相关的脑电指标,笔者根据个体最终是否从众将投资项目分为从众组和不从众组。脑电结果显示,当个体选择从众时比不从众诱发了更大的 P300 波幅。进一步通过单试次水平的逻辑回归,我们发现 P300 成分与被试是否从众相关,P300 越大,被试做出从众行为的概率越大。因此,笔者发现了 P300 能够预测个体的从众行为,因为 P300 与注意力资源的分配相关,注意力资源分配越多,P300 越大。所以说在本研究中,个体做出从众行为会进行更多的认知加工,说明是一种理性的从众行为。

结　论

本书立足于神经金融学视角,首先系统介绍了与金融交易相关的期望收益和风险两个维度的神经学基础,进一步梳理了与个体金融投资决策行为相关的认知神经科学研究。其次,对社会影响理论的含义和发展进行了论述,归纳了个体在社会影响下的重要行为表现,进一步梳理了社会影响下的网络投资决策相关的研究。第三,通过对三项认知神经科学研究进行阐述,通过揭示对社会影响信息在网络投资决策中的认知加工过程,社会影响对网络投资决策中的损益结果感知加工和信息加工模式的影响,来更好地说明社会影响在个体投资决策中的认知作用机理。第四,围绕如何用神经科学数据来对个体的投资行为进行预测,首先梳理了以往可借鉴的研究与结果,接着介绍了一项脑电实验。在该研究中我们找到了社会影响下网络投资决策中与个体从众行为表现相关的脑电指标。

本书致力于在以下几个方面做出尝试:

(1)试图弥补互联网金融投资情境中社会影响作用机理研究缺乏的不足。

以往研究发现了社会影响对网络投资决策的作用,但是这些研究基本上都是通过对投资平台上的数据进行挖掘,建立模型,来检验社会影响的作用,并没有对社会影响的作用机理进行深入探讨(冯博等,2017;廖里等,2015;Berkovich et al.,2011b;Herzenstein et al.,2011a;Zhang & Liu,2012)。本书中的研究采用实验研究的方法,通过对社会影响作用过程中个体信息加工过程和认知加工过程的测量,揭示了社会影响的作用机理,是对相关研究不足的补充。

（2）努力丰富社会影响作用结果的研究，从对行为的影响扩展到对决策结果感知的影响。

关于社会影响的行为研究，主要观察的是个体的行为变化，比如从众行为（Deutsch & Gerard, 1955；Higgs & Thomas, 2016；Isabelle & N., 2004；Lee, 2016；Liu et al., 2017；Templeton et al., 2016）。而关于社会影响的认知神经科学研究，则探究了个体如何对社会信息进行感知加工，但是这些研究主要是在非金融决策领域开展的（Klucharev et al., 2009；Klucharev et al., 2011；Shestakova et al., 2012；Zubarev et al., 2017）。而在金融决策，尤其是网络投资决策的研究中，社会信息如何被感知加工目前并不清晰。此外，网络投资决策最终都会存在投资结果，即损益结果的反馈，但是很少有研究就社会信息如何影响个体对损益结果的加工这个问题进行探讨，而且已有的研究结论并不一致，所以目前社会影响对个体损益结果加工的作用机制尚未明确（付艺蕾等，2017；Kimura & Katayama, 2016；Yu & Sun, 2013）。另外，鲜有研究关注社会信息如何影响个体对损益结果的期待。本书的研究关注社会影响下从众行为的同时，也对上述问题进行了补充研究和探讨。我们在社会信息加工阶段、损益结果的期待阶段和加工阶段，均发现了社会影响的作用，并找到了表征其作用的脑电指标。

本书不仅验证了社会影响下的从众行为，也发现了社会影响对决策结果感知加工的作用，丰富了社会影响在决策结果各个阶段的影响研究，帮助我们更加完整地了解了社会影响在网络投资决策中的作用机理。

（3）结合认知神经科学的研究方法，对社会影响作用下，个体信息加工和认知加工过程进行直接测量，为社会影响作用机理提供微观心理和神经层面的证据，找到了认知和行为的联系。

以往对于网络投资中社会影响的研究，基本上使用的是数据挖掘的方法（吴佳哲，2015；Cai et al.，2009；Lee & Lee，2012；Zhang & Chen，2017）。这些研究往往从结果的角度出发，推断社会影响的作用机制，而不能直接揭示作用的过程，尤其是投资者实时的心理状态、信息加工和认知过程。本书中的研究借助眼动追踪技术和事件相关电位技术，实现了对个体信息加工和认知加工过程的测量，找到了社会影响作用背后的认知机制。本书第三部分通过眼动实验，发现个体在面对不同的社会信息时会采用不同的信息加工模式，对不同项目信息的加工时间和深度均存在差异。结果显示当大众选择与自己的选择冲突时，个体采用了更加理性的加工策略。此外，个体做出从众与不从众的决策之前的信息加工模式也存在差异，从众时会比不从众占用更多的注意力资源。在本书第四部分中，我们也找到了与从众行为相关的脑电指标P300，P300和主观价值及注意力资源分配有关，做出从众行为会引起更大的P300振幅，说明个体在加工信息时花费了更多的认知资源。以上结果说明从众行为是在深思熟虑之后做出的选择。

本书为社会影响作用机理提供了微观心理和神经层面的证据，找到了认知和从众行为的联系，针对目前网络投资决策中从众行为形成机制不清晰的问题，为理性从众提供了证据。

（4）为社会影响下网络投资行为的实验研究，尤其是与认知神经科学的交叉研究，提供了可参考的范式。

目前网络投资中的社会影响研究基本上都是实证研究，采用实验方法开展的研究非常少。稍微相关一点的研究也都是采用抽象的赌博实验（付艺蕾等，2017；Kimura & Katayama，2016；Yu & Sun，2013），缺少对现实场景有效的模拟。在本书的研究中，我们尽量按照互联网金融投资的重要特征，如网络交易的匿名性等，来设计实验。选取真实交易平台的数据图片等作为实验的刺激材料，并通过实验前让被试浏览相应的P2P借贷和众筹网站，了解投资交易的规则，让被试尽可能地融入真实的投资情境。本书第三部分和第四部分中的实验，即保证了跟现实情景的贴近，又能够很好地用于探究社会影响的作用机理（Toelch & Dolan，2015）。虽然本书出于实验操纵和数据测量的原因对现实的互联网金融场景有所修改，但实验中已经尽力做到贴近现有的互联网金融交易过程。因此，本研究的实验范式对在该领域将来进行实验研究提供了可以拓展改进的范式。另外，本书研究还结合了认知神经科学的工具，对以后在该领域开展交叉学科研究提供了一定的基础。

本书致力于对互联网金融行业各个利益方的行为指导，有如下贡献：

（1）政府和监管部门

政府和监管部门在维护互联网金融行业健康发展中具有非常重要的作用。本书的研究结果对政府和监管部门的行为指导可从以下两方面开展：①对投资平台的管理。政府和监管部门要建立完善的制度来规范平台的行为，明确平台的信息中介性质，对平台和借款方加强监管治理。此外，要审核和明确每个平台的管理体系和运行体系，尤其是群组、进度这类与社会影响相关的功能，避免可能会引起投资者非理性从众的问题。②对投资者的管理。政府和监管部门要加强对投资者，尤其是进入市场的新投资者的教育，因为新手投资者在投资时的决策信心可能会比较低，感知到的不确定性更强，更容易受到其他人的影响。此外，还要向投资者提供有效的指导，灌输理性投资的思想，避免盲目从众。

（2）投资平台

平台作为信息的发布者，对投资者的影响会更大。本书的研究揭示了社会影响下，投资者的信息加工模式。对于平台来说，根据本书的结果，可以了解投资者在决策过程中的信息加工方式和所关心的信息，可以帮助平台优化网站页面和内容设计，合理放置信息，并提供更有价值的内容，提高投资者信息加工的流畅度和决策效率。比如笔者发现投资者在决策过程中会比较关注项目的信用等级信息，所以平台要完善信用评级制度，提供更加精确的信用等级评分，能帮助投资者做出正确的决策。

此外，笔者发现他人的投资行为会对投资者的投资决策产生影响，从而做出从众行为。为了避免有借款人利用投资者的从众心理来骗取金钱，平台要对借款人所提供的与社会影响相关的信息进行审核，防止虚假、虚高的信息出现。另外，我们还发现,社会影响的作用不仅存在,而且还会持续一段时间,所以平台除了及时删除那些不良的社会影响信息外,还要特别提醒那些已经接触过这类信息的投资者。

最后,本书的结果显示,不同社会信息会影响投资者对投资损益结果的期待程度和加工。具体来说,当与他人的投资行为冲突时,投资者会对损益结果更加期待。此外,如果投资的结果是输钱的话,则会引起负性的情绪,尤其在跟他人的行为一致的情况下,投资者对投资结果的得失会更加在意。因此,平台在投资者投资完成后,最好能每隔一段时间将投资结果或者与之相关的信息反馈给投资者。另外,对于投资失败这样的负性结果,平台最好能够在提供反馈结果的时候,同时提供一些正性的信息或者刺激,帮助投资者调整自己的负性情绪。

(3)投资者自身

对投资者来说,跟别人行为保持一致是更有价值的。但是投资者要树立正确的投资观念,不能盲目地跟从别人的投资行为,决策过程中,应理性地借鉴他人的意见和行为,充分考虑自己的实际情况,选择合适而不仅仅是热门的项目投资。我们的研究发现,决策信心越低时,投资者越容易依赖社会信息,做出更多的从众行为。对那些投资经验比较少的投资者,在做出决策时,信心往往不高,所以可能更会做出跟风的行为,更容易上当受骗。所以对于这类投资者,在进行真实投资前,一定要多练习,提高自己的投资能力,从而提高做决策时的信心水平。

未来展望

对于个体金融决策行为的研究,从早期的行为层面,发展到心理和认知层面,并最终递进到生理层面。神经科学的研究方法特别是近几年快速发展的神经影像学工具,使得我们能够直接观测金融决策过程中的大脑神经活动,揭示金融决策更底层的机制。这不仅能够为金融学的很多理论建立初步的神经基础,更有助于构建一个更加准确完善的金融决策模型。

已有的金融决策神经科学研究发现,大脑可能存在一个回报回路,不同的脑区结构可能在决策不同阶段中参与诸如回报数量、效价(正收益或负收益)、概率、预测误差以及风险之类重要金融决策参数的译码。然而,不同学者的研究结论还存在一些争议与冲突之处。例如,有研究发现腹侧纹状体与回报不确定性相关(Fiorillo,Tobler & Schultz,2003),而另有研究则发现它与正收益的回报概率相关(Yacubian,et al.,2006)。另外,尽管神经科学经常强调在不同类别处理过程中所涉及的特定脑区,有关经济决策的思考仍然应该关注各个脑区组成的回路或者系统,以及它们是如何交互作用的(Camerer,Loewenstein & Prelec,2005)。因此,未来金融决策的神经经济学研究方向可能有以下几点:

(1)回报数量和概率在大脑内到底是如何结合的,又是在什么地方结合在一起形成一个期望收益效用信号的?

(2)什么样的神经系统跟踪大脑内部预期收益以及风险的计算过程? 预期回报、回报预测误差,预期风险、风险预测误差在大脑中什么地方结合,如何结合? 它们又是如何交互作用的?

(3)在复杂的金融决策过程中,除了基于理性人假设的期望效用计算外,个体思维、信念、情绪起了多大作用?

(4)金融投资回报结果需要等待很长时间才能获取,那么,与即时回报相比,延迟的回报对应的神经机制是否对应不同的神经机制?

(5)研究者发现大脑中可能存在着预期风险以及风险预测误差信号,那么它们在大脑内部到底是如何工作的? 能用来指导个体金融投资么?

(6)是否可以优化预测方法,结合生理-心理-行为的多维视角来解释社会影响在金融决策中的作用机制? 是否可建立更精确的个体投资行为预测模型?

参考文献

［1］Abler B., Walter H. & Erk S., et al. Prediction Error as a Linear Function of Reward Probability is Coded in Human Nucleus Accumbens, NeuroImage, 2006, 31 (2): 790-795.

［2］Akerlof, G. A. & Kranton, R. E. Economics and identity. Quarterly Journal of Economics, 2000, 115(3), 715-753.

［3］Alexander, W.H., Brown, J.W. Medial prefrontal cortex as an action-outcomepredictor. Nature. Neurosciencei. 2011, 14, 1338-1344.

［4］Alpizar, F., Carlsson, F. & Johansson-Stenman, O. Anonymity, reciprocity, and conformity: Evidence from voluntary contributions to a national park in Costa Rica. Journal of Public Economics, 2008, 92(5), 1047-1060.

［5］Amodio, D. M. & Frith, C. D. Meeting of minds: The medial frontal cortex and social cognition. Nature Reviews Neuroscience, 2006, 7(4), 268-277.

[6] Arieli, A., Ben-Ami, Y. & Rubinstein, A. Tracking decision makers under uncertainty. American Economic Journal: Microeconomics, 2011, 3(4), 68-76.

[7] Ariely, D. & Berns, G. S. Neuromarketing: The hope and hype of neuroimaging in business. Nature Reviews Neuroscience, 2010, 11(4), 284-292.

[8] Asch. Opinions and social pressure. Nature, 1955, 176 (4491), 1009-1011.

[9] Babu, H. S. I., Wang, C., Hu, Z. & Ding, M. The frequency of alpha oscillations: Task-dependent modulation and its functional significance. Neuroimage, 2018, 183, 897-906.

[10] Baddeley, M. Herding, social influence and economic decision-making: Socio-psychological and neuroscientific analyses. Philosophical Transactions Biological Sciences, 2010, 365(1538), 281-290.

[11] Baddeley, M., Burke, C., Schultz, W. & Tobler, P. Herding in financial behaviour: A behavioural and neuroeconomic analysis of individual differences. Cambridge Working Papers in Economics, 2012.

[12] Bearden, W. O., Netemeyer, R. G. & Teel, J. E. Measurement of consumer susceptibility to interpersonal influence. Journal of Consumer Research, 1989, 15(4), 473-481.

[13] Beatty, J. & Kahneman, D. Pupillary changes in two memory tasks. Psychonomic Science, 1966, 5 (10), 371-372.

[14] Bellebaum, C., Polezzi, D. & Daum, I. It is less than you expected: the feedback-related negativity reflects violations of reward magnitude expectations. Neuropsychologia, 2010, 48(11), 3343-3350.

[15] Benartzi S. & Thaler R. H.. Myopic Loss Aversion and the Equity Premium Puzzle, The Quarterly Journal of Economics, 1995,110(1) :73-92.

[16] Berger, S. C. & Gleisner, F. Emergence of financial intermediaries in electronic markets: The case of online P2P lending. Management Science, 2009, 2(1), 39-65.

[17] Berkovich, E. Search and herding effects in peer-to-peer lending: Evidence from propser.com. Annals of Finance, 2011, 7(3), 389-405.

[18] Berns, G. S. & Moore, S. E. A neural predictor of cultural popularity. Social Science Electronic Publishing, 2012, 22(1), 154-160.

[19] Berns, G. S., Capra, C. M., Moore, S. & Noussair, C. Neural mechanisms of the influence of popularity on adolescent ratings of music. Neuroimage, 2010, 49(3), 2687-2696.

[20] Berns, G. S., Chappelow, J., Zink, C. F., Pagnoni, G.,

Martin-Skurski, M. E. & Richards, J. Neurobiological correlates of social conformity and independence during mental rotation. Biological Psychiatry, 2005, 58 (3), 245-253.

[21] Bikhchandani, S., Hirshleifer, D. & Welch, I. A theory of fads, fashion, custom, and cultural change as informational cascades. The Journal of Political Economy, 1992, 100(5), 992-1026.

[22] Blakemore, S. J. & Decety, J. From the perception of action to the understanding of intention. Nature Reviews Neuroscience, 2001, 2(8), 561-567.

[23] Bloom, E. L., Potts, G. F., Evans, D. E. & Drobes, D. J. Cue reactivity in smokers: An event-related potential study. International Journal of Psychophysiology, 2013, 90(2), 258-264.

[24] Böcker, K. B. E. & Brunia, C. H. M. A spatiotemporal dipole model of the stimulus preceding negativity (SPN) prior to feedback stimuli. Brain Topography, 1994, 7(1), 71-88.

[25] Boksem, M. A. S. & Smidts, A. Brain responses to movie trailers predict individual preferences for movies and their population-wide commercial success. Journal of Marketing Research, 2015, 52(4), 482-492.

[26] Boksem, M. A. S., & De Cremer, D. Fairness concerns

predict medial frontal nega-tivity amplitude in ultimatum bargaining. Social. Neuroscience. 2010,5, 118 – 128.

[27] Boldt, A. & Yeung, N. Shared neural markers of decision confidence and error detection. Journal of Neuroscience, 2015, 35(8), 3478-3484.

[28] Botvinick, M. M., Braver, T. S., Barch, D. M., Carter, C. S. & Cohen, J. D. Conflict monitoring and cognitive control. Psychological Review, 2001, 108(3), 624-652.

[29] Brewer, M.B. The psychology of prejudice: ingroup love or outgroup hate? J.Soc. 1999, 55, 429 – 444.

[30] Briggs, K. E. & Martin, F. H. Affective picture processing and motivational relevance: Arousal and valence effects on ERPs in an oddball task. International Journal of Psychophysiology, 2009, 72(3), 299-306.

[31] Brown, C. A., Seymour, B., Boyle, Y., Elderedy, W. & Jones, A. K. Modulation of pain ratings by expectation and uncertainty: Behavioral characteristics and anticipatory neural correlates. Pain, 2008, 135 (3), 240-250.

[32] Brunia, C. H. M., Boxtel, G. J. M. V. & Böcker, K. B. E. Negative slow waves as indices of anticipation: The bereitschafts otential, the contingent negative variation, and the stimulus-preceding negativity. The Oxford

Handbook of Event-Related Potential Components. Oxford: Oxford university press, 2012, 189-207.

[33] Brunia, C. H., Hackley, S. A., van Boxtel, G. J., Kotani, Y. & Ohgami, Y. Waiting to perceive: Reward or punishment? Clinical Neurophysiology, 2011, 122(5), 858-868.

[34] Brynjolfsson, E. & Smith, M. D. Frictionless commerce? A comparison of internet and conventional retailers. Management Science, 2000, 46(4), 563-585.

[35] Burke, C. J., Tobler, P. N., Schultz, W. & Baddeley, M. Striatal bold response reflects the impact of herd information on financial decisions. Frontiers in Human Neuroscience, 2010, 4, 1-11.

[36] Burnkrant, R. E. & Cousineau, A. Informational and normative social influence in buyer behavior. Journal of Consumer Research, 1975, 2(3), 206-215.

[37] Cai, H., Chen, Y. & Fang, H. Observational learning: Evidence from a randomized natural field experiment. American Economic Review, 2009, 99(3), 864-882.

[38] Camerer C., Loewenstein G. & Prelec D. Neuroeconomics: How Neuroscience Can Inform Economics, Journal of Economic Literature, 2005, XLIII : 9-64.

[39] Campanha, C., Minati, L., Fregni, F., Boggio, P. S.

Responding to unfair offersmade by a friend: neuroelectrical activity changes in the anterior medialprefrontal cortex. Journal of Neuroscience. 2011, 31, 15569－15574.

[40] Campbell, J. Y., Ramadorai, T. & Ranish, B. Getting better or feeling better? How equity investors respond to investment experiences. National Bureau of Economic Research, 2014.

[41] Campbell-Meiklejohn, D. K., Bach, D. R., Roepstorff, A., Dolan, R. J. & Frith, C. D. How the opinion of others affects our valuation of objects. Current Biology, 2010, 20(13), 1165-1170.

[42] Cascio, C. N., O'Donnell, M. B., Bayer, J., Tinney, F. J. & Falk, E. B. Neural correlates of susceptibility to group opinions in online word-of-mouth recommendations. Journal of Marketing Research, 2015, 52(4), 559-575.

[43] Catena, A., Perales, J. C., Megías, A., Cándido, A., Jara, E. & Maldonado, A. The brain network of expectancy and uncertainty processing. PLoS One, 2012, 7(7), 1-11.

[44] Chen, J., Wu, Y., Tong, G., Guan, X. & Zhou, X. ERP correlates of social conformity in a line judgment task. BMC Neuroscience, 2012, 13(1), 1-10.

[45] Chen, M., Ma, Q., Li, M., Dai, S., Wang, X. & Shu, L. The neural and psychological basis of herding in purchasing books online: An event-related potential study. Cyberpsychlogy, Behavior, and Social Networking, 2010, 13(3), 321-328.

[46] Chen, Y. & Wang, Y. Effect of herd cues and product involvement on bidder online choices. Cyberpsychlogy, Behavior, and Social Networking, 2010, 13(4), 423-428.

[47] Chwilla, D. J. & Brunia, C. H. Event-related potential correlates of non-motor anticipation. Biological Psychology, 1991, 32(2 – 3), 125-141.

[48] Cialdini, R. B. & Goldstein, N. J. Social influence: Compliance and conformity. Annual Review of Psychology, 2004, 55, 591-621.

[49] Cialdini, R. B., Levy, A., Herman, C. P. & Evenbeck, S. Attitudinal politics: The strategy of moderation. Journal of Personality and Social Psychology, 1973, 25 (1), 100-108.

[50] Cialdini, R. B., Levy, A., Herman, C. P., Kozlowski, L. T. & Petty, R. E. Elastic shifts of opinion: Determinants of direction and durability. Journal of Personality and Social Psychology, 1976, 34(4), 663-672.

[51] Citroen, C. L., The role of information in strategic decision-making. International Journal of Information

Management, 2011, 6（311）: 493-501.

［52］Cohen, M. X. & Ranganath, C. Reinforcement learning signals predict future decisions. Journal of Neuroscience, 2007, 27(2), 371-378.

［53］Crandall, C. S. Social contagion of binge eating. Journal of Personality and Social Psychology, 1988, 55（4）, 588-598.

［54］De Martino, B., Bobadilla-Suarez, S., Nouguchi, T., Sharot, T. & Love, B. C. Social information is integrated into value and confidence judgments according to its reliability. Journal of Neuroscience, 2017, 37(25), 6066-6074.

［55］De Martino, B., Fleming, S. M., Garrett, N. & Dolan, R. J. Confidence in value-based choice. Nature Neuroscience, 2013, 16(1), 105-110.

［56］de Quervain, D. J. - F., Fischbacher, U., Treyer, V., Schellhammer, M., Schnyder, U.,Buck, A., Fehr, E. The neural basis of altruistic punishment. Science. 2004, 305, 1254–1258.

［57］Delgado M. R., Schotter A. & Ozbay E. Y., et al. Understanding Overbidding: Using the Neural Circuitry of Reward to Design Economic Auctions, Science, 2008, 321(5897) : 1849-1852.

［58］Delorme, A. & Makeig, S. EEGLAB: An open source

toolbox for analysis of single-trial EEG dynamics including independent component analysis. Journal of Neuroscience Methods, 2004, 134(1), 9-21.

[59] Deng, X., Kahn, B. E., Unnava, H. R. & Lee, H. A "Wide" variety: Effects of horizontal versus vertical display on assortment processing, perceived variety, and choice. Journal of Marketing Research, 2016, 53 (5), 682-698.

[60] Deutsch, M. & Gerard, H. B. A study of normative and informational social influences upon individual judgment. Journal of Abnormal Psychology, 1955, 51(3), 629-636.

[61] Djamasbi, S., Siegel, M. & Tullis, T. Generation Y, web design, and eye tracking. International Journal of Human-Computer Studies, 2010, 68(5), 307-323.

[62] Donchin, E. & Coles, M. G. H. Is the P300 component a manifestation of context updating? Behavioral and Brain Sciences, 1988, 11(3), 357-374.

[63] Donkers, F. C. L., Nieuwenhuis, S. & Boxtel, G. J. M. V. Mediofrontal negativities in the absence of responding. Cognitive Brain Research, 2005, 25 (3), 777-787.

[64] Dreher, J. C., Kohn, P. & Berman, K. F. Neural coding of distinct statistical properties of reward information in humans. Cerebral Cortex, 2006, 16(4), 561-573.

[65]Edelson, M. G., Dudai, Y., J., D. R. & Sharot, T. Brain substrates of recovery from misleading influence. Journal of Neuroscience, 2014, 34(23), 7744-7753.

[66] Edelson, M., Sharot, T., Dolan, R. J. & Dudai, Y. Following the crowd: Brain substrates of long-term memory conformity. Science, 2011, 333(6038), 108-111.

[67] Ellemers, N., wendy van, R., Roefs, M., Simons, C. Bias in intergroup percep-tions: balancing group identity with social reality. Personal. Soc. Psychol. Bull. 1997, 23, 186–198.

[68] Elliott R., Newman J. L. & Longe O. A., et al. Differential Response Patterns in the Striatum and Orbitofrontal Cortex to Financial Reward in Humans: A Parametric Functional Magnetic Resonance Imaging Study, The Journal of Neuroscience,2003,23(1):303-307.

[69] Elster, J. Rationality and the emotions. Economic Journal, 1996, 106(438), 1386-1397.

[70] Ernst M. & Paulus M. P.. Neurobiology of Decision Making: a Selective Review from a Neurocognitive and Clinical Perspective, Biological Psychiatry, 2005, 58: 597-604.

[71]Ernst M., E. Nelson E. & McClure E. B., et al. Choice Selection and Reward Anticipation: An fMRI Study, Neuropsychologia, 2004,42(12) :1585-1597.

[72] Falk, E. B., Berkman, E. T., Danielle, W. & Lieberman, M. D. Neural activity during health messaging predicts reductions in smoking above and beyond self-report. Health Psychology, 2011, 30(2), 177-185.

[73] Fehr, E. & Fischbacher, U. Social norms and human cooperation. Trends Cognitive Sciences, 2004, 8 (4), 185-190.

[74] Fehr, E., Gächter, S. Altruistic punishment in humans. Nature, 2002, 415, 137 – 140.

[75] Ferdinand, N.K., Mecklinger, A., Kray, J., Gehring, W.J. The processing of unex-pected positive response outcomes in the mediofrontal cortex. Journal of Neuroscience. 2012, 32,12087 – 12092.

[76] Fiorillo C. D., Tobler P. N. & Schultz W.. Discrete Coding of Reward Probability and Uncertainty by Dopamine Neurons, Science, 2003, 299(5614): 1898-1902.

[77] Folke, T., Jacobsen, C., Fleming, S. M. & Martino, B. D. Explicit representation of confidence informs future value-based decisions. Nature Human Behaviour, 2016, 1 (1), 1-8.

[78] Foti, D., Weinberg, A., Dien, J. & Hajcak, G. Event-related potential activity in the basal ganglia differentiates rewards from nonrewards: Response to commentary. Human Brain Mapping, 2011, 32 (12),

2267-2269.

[79] Fuentemilla, L., Cucurell, D., Marco-Pallarés, J., Guitart-Masip, M., Morís, J. & Rodríguez-Fornells, A. Electrophysiological correlates of anticipating improbable but desired events. Neuroimage, 2013, 78, 135-144.

[80] Galak, J., Small, D. A. & Stephen, A. T. Micro-finance decision making: A field study of prosocial lending. Journal of Marketing Research, 2011, 48(SPL), 130-137.

[81] Galbraith, J. R., Organization design: An information processing view. Interfaces, 1974, 3 (41): 28-36.

[82] Gehring, W. J. & Willoughby, A. R. The Medial frontal cortex and the rapid processing of monetary gains and losses. Science, 2002, 295(5563), 2279-2282.

[83] Gehring, W. J., et al., A neural system for error detection and compensation. Psychological science, 1993, 6 (41): 385-390.

[84] Geigenmüller, A. & Greschuchna, L. How to establish trustworthiness in initial service encounters. Journal of Marketing Theory and Practice, 2011, 19(4), 391-406.

[85] Genevsky, A. & Knutson, B. Neural affective mechanisms predict market-level microlending. Psychological Science, 2015, 26(9), 1411-1422.

[86] Genevsky, A., Yoon, C. & Knutson, B. When brain beats behavior: Neuroforecasting crowdfunding outcomes.

Journal of Neuroscience, 2017, 37(36), 8625-8634.

[87] Gerard, H. B., Wilhelmy, R. A. & Conolley, E. S. Conformity and group size. Journal of Personality and Social Psychology, 1968, 8(1), 79-82.

[88] Gilovich, T., D. Griffin, & D. Kahneman: Heuristics and biases: The psychology of intuitive judgment.. Cambridge University Press, 2002.

[89] Gino, F., Ayal, S. & Ariely, D. Contagion and differentiation in unethical behavior: The effect of one bad apple on the barrel. Psychological Science, 2009, 20 (3), 393-398.

[90] Glöckner, A. & Witteman, C. Beyond dual-process models: A categorisation of processes underlying intuitive judgement and decision making. Thinking & Reasoning, 2010, 16(1), 1-25.

[91] Gompers, P., Kovner, A., Lerner, J. & Scharfstein, D. Venture capital investment cycles: The impact of public markets. Journal of Financial Economics, 2008, 87(1), 1-23.

[92] Goodstein, R. C. Category-based applications and extensions in advertising-motivating more extensive Ad processing. Journal of Consumer Research, 1993, 20(1), 87-99.

[93] Gordon, P. C., Hendrick, R., Johnson, M. & Lee, Y.

Similarity-based interference during language comprehension: Evidence from eye tracking during reading. Journal of Experimental Psychology: Learning, Memory, and Cognition, 2006, 32(6), 1304-1321.

[94] Gould, J. D. Eye movements during visual search and memory search. Journal of Experimental Psychology, 1973, 98(1), 184-186.

[95] Gray, H. M., Ambady, N., Lowenthal, W. T. & Deldin, P. P300 as an index of attention to self-relevant stimuli. Journal of Experimental Social Psychology, 2004, 40(2), 216-224.

[96] Greiner, M. E. & Wang, H. Building Consumer-to-Consumer trust in E-Finance marketplaces: An empirical analysis. International Journal of Electronic Commerce, 2010, 15(2), 105-136.

[97] Hajcak, G., Holroyd, C. B., Moser, J. S. & Simons, R. F. Brain potentials associated with expected and unexpected good and bad outcomes. Psychophysiology, 2005, 42(2), 161-170.

[98] Hajcak, G., Moser, J., Holroyd, C. & Simons, R. It's worse than you thought: The feedback negativity and violations of reward prediction in gambling tasks. Psychophysiology, 2007, 44(6), 905-912.

[99] Harris, L. T., Fiske, S. T. Neural regions that underlie

reinforcement learning arealso active for social expectancy violations. Social. Neuroscience. 2010, 5, 76 - 91

[100] Harrison, J. M. & Kreps, D. M. Speculative investor behavior in a stock market with heterogeneous expectations. Quarterly Journal of Economics, 1978, 92 (2), 323-336.

[101] Hellwig, S., Weisbrod, M., Jochum, V., Rentrop, M., Unger, J., Walther, S., Haefner, K., Roth, A., Fiedler, P. & Bender, S. Slow cortical potentials in human aversive trace conditioning. International Journal of Psychophysiology, 2008, 69(1), 41-51.

[102] Herzenstein, M., Dholakia, U. M. & Andrews, R. L. Strategic herding behavior in peer-to-peer loan auctions. Journal of Interactive Marketing, 2011a, 25(1), 27-36.

[103] Herzenstein, M., Sonenshein, S. & Dholakia, U. M. Tell me a good story and I may lend you money: The role of narratives in peer-to-peer lending decisions. Journal of Marketing Research, 2011b, 48 (SPL), 138-149.

[104] Hewig, J., et al., An electrophysiological analysis of coaching in Blackjack.. cortex, 2008, 9 (441): 1197-1205.

[105] Hewig, J., et al., Decision-making in Blackjack: an

electrophysiological analysis. Cerebral Cortex, 2007, 4 (171): 865-877.

[106] Heyes, C. Who knows? Metacognitive social learning strategies. Trends Cognitive Science, 2016, 20 (3), 204-213.

[107] Higgs, S. & Thomas, J. Social influences on eating. Current Opinion in Behavioral Sciences, 2016, 9, 1-6.

[108] Hirshleifer, D. & Teoh, S. H. Herd behaviour and cascading in capital markets: A review and synthesis. European Financial Management, 2003, 9(1), 25 – 66.

[109] Hollander, E. P. Conformity, status, and idiosyncrasy credit. Psychological Review, 1958, 65(2), 117-127.

[110] Holroyd, C. B. & Coles, M. G. The neural basis of human error processing: Reinforcement learning, dopamine, and the error-related negativity. Psychological Review, 2002, 109(4), 679-709.

[111] Holroyd, C. B., Coles, M. G. H. The neural basis of human error processing: rein-forcement learning, dopamine, and the error-related negativity. Psychological. Review.2002, 109, 679 – 709.

[112] Horstmann, N., Ahlgrimm, A. & Glöckner, A. How distinct are intuition and deliberation? An eye-tracking analysis of instruction-induced decision modes. Judgment and Decision Making, 2009, 4(5), 335-354.

[113] Hsieh, S. F. Individual and institutional herding and the impact on stock returns: Evidence from Taiwan stock market. International Review of Financial Analysis, 2013, 29(3), 175-188.

[114] Huang, Y., Kendrick, K. M. & Yu, R. Social conflicts elicit an N400-like component. Neuropsychologia, 2014, 65, 211-220.

[115] Huang, Y. - X. & Y. - J. Luo, Temporal course of emotional negativity bias: an ERP study. Neuroscience letters, 2006, 1 (3981): 91-96.

[116] Isabelle, K. R. L. C. & N., L. K. The role of conformity in foraging when personal and social information conflict. Behavioral Ecology, 2004, 15(2), 269-277.

[117] Izuma, K. The neural basis of social influence and attitude change. Current Opinion in Neurobiology, 2013, 23(3), 456-462.

[118] Janes, L. M. & Olson, J. M. Jeer pressure: The behavioral effects of observing ridicule of others. Personality and Social Psychology Bulletin, 2000, 26 (4), 474-485.

[119] Jetten, J., Hornsey, M. J. & Adarves-Yorno, I. When group members admit to being conformist: The role of relative intragroup status in conformity self-reports.

Personality and Social Psychology Bulletin, 2006, 32 (2), 162-173.

[120] Jiang, X. & Pell, M. D. On how the brain decodes vocal cues about speaker confidence. Cortex, 2015, 66, 9-34.

[121] Johnson, R., Jr. The amplitude of the P300 component of the event-related potential: Review and synthesis. Advances in Psychophysiology, 1988, 3, 69-137.

[122] Just, M. A. & Carpenter, P. A. A theory of reading: From eye fixations to comprehension. Psychological Review, 1980, 87(4), 329-354.

[123] Just, M. A. & Carpenter, P. A. Eye fixations and cognitive processes. Cognitive Psychology, 1976, 8(4), 441-480.

[124] Kahneman, D. & Tversky, A. Prospect theory: An analysis of decision under risk. Econometrica, 1979, 47 (2), 263-291.

[125] Kahneman, D. Maps of bounded rationality: Psychology for behavioral economics. American Economic Review, 2003, 93(5), 1449-1475.

[126] Kelman, H. C. Compliance, identification, and internalization: Three processes of attitude change. Journal of Conflict Resolution, 1958, 2(1), 51-60.

[127] Kelman, H. C. Processes of opinion change. Public

Opinion Quarterly, 1961, 25(1), 57-78.

[128] Kepecs, A., Uchida, N., Zariwala, H. A. & Mainen, Z. F. Neural correlates, computation and behavioural impact of decision confidence. Nature, 2008, 455 (7210), 227-231.

[129] Keynes, J. M. The General theory of employment, interest and money. Economic Record, 1930, 12(1-2), 28-36.

[130] Kim, B. R., Liss, A., Rao, M., Singer, Z. & Compton, R. J. Social deviance activates the brain's error-monitoring system. Cognitive Affective Behavior Neuroscience, 2012, 12(1), 65-73.

[131] Kim, D. & Hommel, B. An event-based account of conformity. Psychological Science, 2015, 26 (4), 484-489.

[132] Kim, H. & Markus, H. R. Deviance or uniqueness, harmony or conformity? A cultural analysis. Journal of Personality and Social Psychology, 1999, 77 (4), 785-800.

[133] Kimura, K. & Katayama, J. Cooperative context is a determinant of the social influence on outcome evaluation: An electrophysiological study. International Journal of Psychophysiology, 2016, 100, 28-35.

[134] Klucharev, V., Hytonen, K., Rijpkema, M., Smidts, A.

& Fernandez, G. Reinforcement learning signal predicts social conformity. Neuron, 2009, 61(1), 140-151.

[135] Klucharev, V., Munneke, M. A., Smidts, A. & Fernandez, G. Downregulation of the posterior medial frontal cortex prevents social conformity. Journal of Neuroscience, 2011, 31(33), 11934-11940.

[136] Knutson B. & Bossaerts P.. Neural Antecedents of Financial Decisions, The Journal of Neuroscience, 2007, 27(31):8174-8177.

[137] Knutson B. & Greer. S. M. Anticipatory Affect: Neural Correlates and Consequences for Choice, Philosophical Transactions of the Royal society of London. Series B, Biological sciences, 2008, 363(1511):3771-3786.

[138] Knutson B., Adams C. M. & Fong G. W., et al. Anticipation of Increasing Monetary Reward Selectively Recruits Nucleus Accumbens, The journal of Neuroscience,2001,21: 159-163.

[139] Knutson B., Fong G. W. & Bennett S M, et al. A Region of Mesial Prefrontal Cortex Tracks Monetarily Rewarding Outcomes: Characterization with Rapid Event-related fMRI, NeuroImage,2003,18:263-272.

[140] Knutson B., Wimmer G. E. & Kuhnen C. M., et al. Nucleus Accumbens Activation Mediates the Influence of Reward Cues on Financial Risk Taking,

NeuroReport, 2008,19(5):509-513.

[141] Knutson, B. & Cooper, J. C. Functional magnetic resonance imaging of reward prediction. Current Opinion in Neurology, 2005, 18(4), 411-417.

[142] Knutson, B. & Wimmer, G. E. Reward: Neural circuitry for social valuation. New York: Guilford Press, 2007, 157-175.

[143] Knutson, B., Rick, S., Wimmer, G. E., Prelec, D. & Loewenstein, G. Neural predictors of purchases. Neuron, 2007, 53(1), 147-156.

[144] Koban, L. & Pourtois, G. Brain systems underlying the affective and social monitoring of actions: An integrative review. Neuroscience & Biobehavioral Reviews, 2014, 46(1), 71-84.

[145] Kok, A. On the utility of P3 amplitude as a measure of processing capacity. Psychophysiology, 2001, 38(3), 557-577.

[146] Korniotis, G. M. & Kumar, A. Do older investors make better investment decisions? Social Science Electronic Publishing, 2006, 93(1), 244-265.

[147] Krajbich, I. & Rangel, A. Multialternative drift-diffusion model predicts the relationship between visual fixations and choice in value-based decisions. Proceedings of the National Academy of Sciences of

the United States of America, 2011, 108(33), 13852-13857.

[148] Krajbich, I., Armel, C. & Rangel, A. Visual fixations and the computation and comparison of value in simple choice. Nature Neuroscience, 2010, 13 (10), 1292-1298.

[149] Krajbich, I., Bartling, B., Hare, T. & Fehr, E. Rethinking fast and slow based on a critique of reaction-time reverse inference. Nature Communications, 2015, 6, 7455-7464.

[150] Krajbich, I., Lu, D., Camerer, C. & Rangel, A. The attentional drift-diffusion model extends to simple purchasing decisions. Frontiers in Psychology, 2012, 3, 1-18.

[151] Krajbich, I., Oud, B. & Fehr, E. Benefits of neuroeconomic modeling: New policy interventions and predictors of preference. American Economic Review, 2014, 104(5), 501-506.

[152] Kuan, K. K. Y., Zhong, Y. & Chau, P. Y. K. Informational and normative social influence in group-buying: Evidence from self-reported and EEG data. Journal of Management Information Systems, 2014, 30 (4), 151-178.

[153] Kuhnen C. M. & Knutson B.. The Neural of Financial

Risk Taking, Neuron, 2005,47: 763-770.

[154] Kulik, J. A. & Christenfeld, N. Positive and negative opinion modeling: The influence of another's similarity and dissimilarity. Journal of Personality and Social Psychology, 2006, 90(3), 440-452.

[155] Kuo, F. Y., Hsu, C. W. & Day, R. F. An exploratory study of cognitive effort involved in decision under framing—An application of the eye-tracking technology. Decision Support Systems, 2010, 48(1), 81-91.

[156] Lalancette, M. F. & Standing, L. G. Asch fails again. Social Behavior & Personality An International Journal, 1990, 18(18), 7-12.

[157] Lascu, D. N. & Zinkhan, G. Consumer conformity: Review and applications for marketing theory and practice. Journal of Marketing Theory and Practice, 1999, 7(3), 1-12.

[158] Latané, B. & Nida, S. Ten years of research on group size and helping. Psychological Bulletin, 1981, 89(2), 308-324.

[159] Latané, B. The psychology of social impact. American Psychologist, 1981, 36(4), 343-356.

[160] Lee, E. & Lee, B. Herding behavior in online P2P lending: An empirical investigation. Electronic Commerce Research and Applications, 2012, 11(5),

495-503.

［161］Lee, E.-J. Effects of the influence agent's sex and self-confidence on informational social influence in computer-mediated communication. Communication Research, 2016, 32(1), 29-58.

［162］Leng, Y. & Zhou, X. L. Modulation of the brain activity in outcome evaluation by interpersonal relationship: An ERP study. Neuropsychologia, 2010, 48 (2), 448-455.

［163］Li, J. J. & Su, C. How face influences consumption: A comparative study of American and Chinese consumers. International Journal of Market Research, 2007, 49(2), 237-256.

［164］Li, P., Jia, S., Feng, T., Liu, Q., Suo, T. & Li, H. The influence of the diffusion of responsibility effect on outcome evaluations: Electrophysiological evidence from an ERP study. Neuroimage, 2010, 52(4), 1727-1733.

［165］Lin, H., Liang, J., Jin, H. & Zhao, D. Differential effects of uncertainty on LPP responses to emotional events during explicit and implicit anticipation. International Journal of Psychophysiology, 2018, 129, 41-51.

［166］Lin, M., Prabhala, N. & Viswanathan, S. Judging

borrowers by the company they keep: Friendship networks and information asymmetry in online peer-to-peer lending. Management Science, 2013, 59(1), 17-35.

[167] Linden, D. E. The P300: Where in the brain is it produced and what does it tell us? Neuroscientist, 2005, 11(6), 563-576.

[168] Liu, D., Brass, D. J., Lu, Y. & chen, D. Friendships in online peer-to-peer lending: Pipes, prisms, and relational herding. Mis Quarterly, 2015, 39(3), 729-742.

[169] Liu, J., Zhao, S., Chen, X., Falk, E. & Albarracin, D. The influence of peer behavior as a function of social and cultural closeness: A meta-analysis of normative influence on adolescent smoking initiation and continuation. Psychological Bulletin, 2017, 143 (10), 1082-1115.

[170] Luck, S. J. An introduction to the event-related potential technique. Boston: MIT Press, 2005.

[171] Ma, Q., Pei, G. & Liang, M. Inverted U-shaped curvilinear relationship between challenge and one's intrinsic motivation: Evidence from event-related potentials. Frontiers in Neuroscience, 2017, 11, 1-8.

[172] Ma, Q., Qiu, W., Fu, H. & Sun, X. Uncertain is worse: Modulation of anxiety on pain anticipation by intensity uncertainty: Evidence from the ERP study.

Neuroreport, 2018, 29(12), 1023-1029.

[173] Ma, Q., Shen, Q., Xu, Q., Li, D., Shu, L. & Weber, B. Empathic responses to others' gains and losses: An electrophysiological investigation. Neuroimage, 2011, 54 (3), 2472-2480.

[174] Ma, W. J. & Jazayeri, M. Neural coding of uncertainty and probability. Annual Review of Neuroscience, 2014, 37, 205-220.

[175] Maes, P., Agents that reduce work and information overload. Communications of the ACM, 1994, 7 (371): 30-40.

[176] Markus, H. R. & Kitayama, S. A collective fear of the collective: Implications for selves and theories of selves. Personality and Social Psychology Bulletin, 1994, 20(5), 568-579.

[177] Masaki, H., Takeuchi, S., Gehring, W. J., Takasawa, N. & Yamazaki, K. Affective-motivational influences on feedback-related ERPs in a gambling task. Brain Research, 2006, 1105(1), 110-121.

[178] Maskin E.. Can Neural Data Improve Economics? , Science, 2008,321(.5897) : 1788-1789.

[179] Mason, M. F. & Macrae, C. N. Perspective-taking from a social neuroscience standpoint. Group Processes & Intergroup Relations, 2008, 11(2), 215-232.

[180] Mason, M. F., Dyer, R. & Norton, M. I. Neural mechanisms of social influence. Organizational Behavior and Human Decision Processes, 2009, 110 (2), 152-159.

[181] McClure S. M., Berns G. S. & Montague P. R.. Temporal Prediction Errors in a Passive Learning Task Activate Human Striatum, Neuron, 2003,38:339-346.

[182] Meißner, M., Musalem, A. & Huber, J. Eye tracking reveals processes that enable conjoint choices to become increasingly efficient with practice. Journal of Marketing Research, 2016, 53(1), 1-17.

[183] Meng, L. & Ma, Q. Live as we choose: The role of autonomy support in facilitating intrinsic motivation. International Journal of Psychophysiology, 2015, 98(3), 441-447.

[184] Meng, L., Pei, G., Zheng, J. & Ma, Q. Close games versus blowouts: Optimal challenge reinforces one's intrinsic motivation to win. International Journal of Psychophysiology, 2016, 110, 102-108.

[185] Mercado, F., et al., The influence of emotional context on attention in anxious subjects: neurophysiological correlates. Journal of anxiety disorders, 2006, 1 (201): 72-84.

[186] Milgram, S. Compliant subjects. (Book Reviews:

Obedience to Authority. An Experimental View). Science, 1974, 184, 667-669.

[187] Milgram, S., Bickman, L. & Berkowitz, L. Note on the drawing power of crowds of different size. Journal of Personality and Social Psychology, 1969, 13 (2), 79-82.

[188] Montague, P. R., Lohrenz, T. To detect and correct: norm violations and theirenforcement. Neuron. 2007, 56, 14 - 18.

[189] Morgan, T. J. & Laland, K. N. The biological bases of conformity. Frontiers in Neuroscience, 2012, 6(87), 1-7.

[190] Myers, D. Social Psychology, 11th edition. New York: McGraw-Hill Companies, 2013.

[191] Nieuwenhuis, S., Astonjones, G. & Cohen, J. D. Decision making, the P3, and the locus coeruleus-norepinephrine system. Psychological Bulletin, 2005, 131 (4), 510-532.

[192] Nook, E. C. & Zaki, J. Social norms shift behavioral and neural responses to foods. Journal of Cognitive Neuroscience, 2015, 27(7), 1412-1426.

[193] Novak, B. K., Novak, K. D., Lynam, D. R. & Foti, D. Individual differences in the time course of reward processing: Stage-specific links with depression and impulsivity. Biological Psychology, 2016, 119, 79-90.

［194］O'Doherty J. P.. Reward Representations and Reward-related Learning in the Human Brain: Insights from Neuroimaging, Current Opinion in Neurobiology, 2004, 14(6)：769-776.

［195］Olofsson, J. K., Nordin, S., Sequeira, H. & Polich, J. Affective picture processing: An integrative review of ERP findings. Biological Psychology, 2008, 77 (3), 247-265.

［196］Orquin, J. L. & Mueller Loose, S. Attention and choice: A review on eye movements in decision making. Acta Psychologica, 2013, 144(1), 190-206.

［197］Otten, S. Social categorization, intergroup emotions, and aggressive inter-actions. In: Intergroup Relations: The Role of Motivation and Emotion.2009:.162-181.

［198］Park, S. A., Goiame, S., O'Connor, D. A. & Dreher, J. C. Integration of individual and social information for decision-making in groups of different sizes. PLoS Biology, 2017, 15(6), 1-28.

［199］Partala, T. & Surakka, V. Pupil size variation as an indication of affective processing. International Journal of Human Computer Studies, 2003, 59(1), 185-198.

［200］Paulus M. P., Rogalsky C. & Simmons A., et al. Increased Activation in the Right Insula during Risk-taking Decision making is Related to Harm Avoidance and Neuroticism, NeuroImage, 2003,19(4):1439-1448.

[201]Payne, J.W., Task complexity and contingent processing in decision making: An information search and protocol analysis. Organizational behavior and human performance, 1976, 2（l6l）: 366-387.

[202]Peterson, D. K. & Pitz, G. F. Confidence, uncertainty, and use of information. Journal of Experimental Psychology: Learning, Memory, and Cognition, 1987, 14 (1), 85-92.

[203] Petty, R. E. & Cacioppo, J. T. The Elaboration Likelihood Model of Persuasion. Advances in Consumer Research, 1984, 19(4), 123-205.

[204]Petty, R. E., Cacioppo, J. T. & Goldman, R. Personal involvement as a determinant of argument-based persuasion. Journal of Personality and Social Psychology, 1981, 41(5), 847-855.

[205]Polezzi, D., Daum, I., Rubaltelli, E., Lotto, L., Civai, C., Sartori, G., Rumiati, R. Men-talizing in economic decision-making. Behav. Brain Research. 2008, 190: 218 – 223.

[206]Polezzi, D., et al., Predicting outcomes of decisions in the brain. Behavioural brain research, 2008, 1 (l87l): 116-122.

[207] Polich, J. & Kok, A. Cognitive and biological

determinants of P300: An integrative review. Biological
Psychology, 1995, 41(2), 103-146.

[208] Polich, J. Updating P300: An integrative theory of P3a
and P3b. Clinical Neurophysiology, 2007, 118 (10),
2128-2148.

[209] Pornpattananangkul, N. & Nusslock, R. Motivated to
win: Relationship between anticipatory and outcome
reward-related neural activity. Brain and Cognition,
2015, 100, 21-40.

[210] Potts, G., Martin, L. E., Burton, P. & Montague, P. R.
When things are better or worse than expected: The
medial frontal cortex and the allocation of processing
resources. Journal of Cognitive Neuroscience, 2006, 18
(7), 1112-1119.

[211] Pratt, N., Willoughby, A. & Swick, D. Effects of
working memory load on visual selective attention:
Behavioral and electrophysiological evidence. Frontiers
in Human Neuroscience, 2011, 5(9), 1-9.

[212] Preuschoff K., Quartz S. R. & Bossaerts P.. Human
Insula Activation Reflects Risk Prediction Errors as
Well as Risk, The Journal of Neurosciense, 2008, 28
(11): 2745-2752.

[213] Proudfit, G. H. The reward positivity: From basic
research on reward to a biomarker for depression.

Psychophysiology, 2015, 52(4), 449-459.

［214］Qi, S., Li, Y., Tang, X., Zeng, Q., Diao, L., Li, X., Li, H. & Hu, W. The temporal dynamics of detached versus positive reappraisal: An ERP study. Cognitive Affective & Behavioral Neuroscience, 2017, 17（3）, 1-12.

［215］Qi, Y., Wu, H. & Liu, X. Social value orientation modulates context-based social comparison preference in the outcome evaluation: An ERP study. Neuropsychologia, 2018, 112,135-144.

［216］Qin, J. & S. Han, Neurocognitive mechanisms underlying identification of environmental risks. Neuropsychologia, 2009, 2（471）: 397-405.

［217］Rao, A. R. & Monroe, K. B. The effect of price, brand name, and store name on buyers' perceptions of product quality: An integrative review. Journal of Marketing Research, 1989, 26(3), 351-357.

［218］Ridderinkhof, K. R., Wp, V. D. W., Segalowitz, S. J. & Carter, C. S. Neurocognitive mechanisms of cognitive control: The role of prefrontal cortex in action selection, response inhibition, performance monitoring, and reward-based learning. Brain and Cognition, 2004, 56(2), 129-140.

［219］Rogers R. D., Ramnani N. & Mackay C, et al.

Distinct Portions of Anterior Cingulated Cortex and Medial Prefrontal Cortex are Activated by Reward Processing in Separable Phases of Decision-making Cognition, Biological Psychiatry, 2004,55: 594-602.

[220]Rolls E. T., McCabe C. & Redoute J. Expected Value, Reward Outcome, and Temporal Difference Error Representations in a Probabilistic Decision Task, Cerebral Cortex, 2008,18(3):652-663.

[221] Rosenberg, L. Group size, prior experience, and conformity. Journal of Abnormal and Social Psychology, 1961, 63(2), 436-437.

[222] Russo, J. E. & Dosher, B. A. Strategies for multiattribute binary choice. Journal of Experimental Psychology: Learning, Memory, and Cognition, 1983, 9 (4), 676.

[223]Russo, J. E. & Rosen, L. D. An eye fixation analysis of multialternative choice. Memory & Cognition, 1975, 3(3), 267-276.

[224] Russo, J. E. Eye fixations can save the world: A critical evaluation and a comparison between eye fixations and other information processing methodologies. Advances in Consumer Research, 1978, 5(1), 561-570.

[225]Sabrina M. T., Graig R. F. & Christopher T, et al.

The Neural Basis of Loss Aversion in Decision-making under Risk, Science, 2007,315(5811): 515-518.

[226] Samanez-Larkin G. R., Hollon N. G. & Carstensen L. L., et al. Individual Differences in Insular Sensitivity during Loss Anticipation Predict Avoidance Learning, Psychological Science, 2008,19(4) : 320-323.

[227] San Martin, R. Event-related potential studies of outcome processing and feedback-guided learning. Frontiers in Human Neuroscience, 2012, 6(3), 1-17.

[228] Sanfey A. G. Decision Neuroscience: New Directions in Studies of Judgment and Decision Making, Current Directions in Psychological Science, 2007, 16 (3): 151-155.

[229] Sanfey A. G., Loewenstein G. & Cohen J. D., et al. Neuroeconomics: Cross-currents in Research on Decision-making, Trends in Cognitive Sciences,2006, 10 (3): 108-116.

[230] Scharfstein, D. S. & Stein, J. C. Herd behavior and investment. American Economic Review, 1990, 80 (3), 465-479.

[231] Schick, A. G., L. A. Gordon, & S. Haka, Information overload: A temporal approach. Accounting, Organizations and Society, 1990, 3 (151): 199-220.

[232] Schnuerch, R. & Gibbons, H. A review of

neurocognitive mechanisms of social conformity. Social Psychology, 2014, 45(6), 466-478.

[233] Schnuerch, R. & Gibbons, H. Social proof in the human brain: Electrophysiological signatures of agreement and disagreement with the majority. Psychophysiology, 2015, 52(10), 1328-1342.

[234] Schnuerch, R., Richter, J., Koppehele-Gossel, J. & Gibbons, H. Multiple neural signatures of social proof and deviance during the observation of other people's preferences. Psychophysiology, 2016, 53(6), 823-836.

[235] Schultz W. & Anthony D.. Neuronal Coding of Prediction Errors, Annual Review of Neuroscience, 2000,.23: 473-500.

[236] Schultz, W., Apicella, P., Scarnati, E. & Ljungberg, T. Neuronal activity in monkey ventral striatum related to expectation of reward. Journal of Neuroscience, 1992, 12(12), 4595-4610.

[237] Schupp, H. T., Cuthbert, B. N., Bradley, M. M., Cacioppo, J. T., Ito, T. & Lang, P. J. Affective picture processing: The late positive potential is modulated by motivational relevance. Psychophysiology, 2000, 37(2), 257-261.

[238] Seidel, E. M., Pfabigan, D. M., Hahn, A., Sladky, R., Grahl, A., Paul, K., Kraus, C., Küblböck, M., Kranz,

G. S. & Hummer, A. Uncertainty during pain anticipation: The adaptive value of preparatory processes. Human Brain Mapping, 2015, 36 (2), 744-755.

[239] Selimbeyoglu, A., Keskin-Ergen, Y. & Demiralp, T. What if you are not sure? Electroencephalographic correlates of subjective confidence level about a decision. Clinical Neurophysiology, 2012, 123(6), 1158-1167.

[240] Seth, A. K., Dienes, Z., Cleeremans, A., Overgaard, M. & Pessoa, L. Measuring consciousness: Relating behavioural and neurophysiological approaches. Trends in Cognitive Sciences, 2008, 12(8), 314-321.

[241] Shen, D., Krumme, C. & Lippman, A. Follow the profit or the herd? Exploring social effects in peer-to-peer lending. IEEE Second International Conference on Social Computing, 2010, 137-144.

[242] Shestakova, A., Rieskamp, J., Tugin, S., Ossadtchi, A., Krutitskaya, J. & Klucharev, V. Electrophysiological precursors of social conformity. Social Cognitive and Affective Neuroscience, 2012, 8(7), 756-763.

[243] Shiller, R. J. Conversation, information, and herd behavior. American Economic Review, 1995, 85 (2), 181-185.

[244] Skinner, B. F. Selection by consequences. Science, 1981, 213(4507), 501-504.

[245] Smith B. W., Derek G. V. M. & Michael G. H., et al. Neural Substrates of Reward Magnitude, Probability, and Risk during a Wheel of Fortune Decision-making Task. NeuroImage,2009, 44(2):600-609.

[246] Smith, S., Windmeijer, F. & Wright, E. Peer effects in charitable giving: Evidence from the (running) field. Economic Journal, 2015, 125(585), 1053 - 1071.

[247] Stallen, M. & Sanfey, A. G. The neuroscience of social conformity: Implications for fundamental and applied research. Frontiers in Neuroscience, 2015, 9, 1-5.

[248] Steel, R.: Walter Lippmann and the American Century. [Mit Portr.](2. Print.). Transaction Publishers, 1980.

[249] Stewart, N., Gachter, S., Noguchi, T. & Mullett, T. L. Eye movements in strategic choice. Journal of Behavioral Decision Making, 2016a, 29(2-3), 137-156.

[250] Stewart, N., Hermens, F. & Matthews, W. J. Eye Movements in risky choice. Journal of Behavioral Decision Making, 2016b, 29(2-3), 116-136.

[251] Sundström, G. A., Information search and decision making: The effects of information displays. Acta Psychologica, 1987, 2 (651): 165-179.

［252］Tajfel, H. & Turner, J. An integrative theory of intergroup conflict. The Social Psychology of Intergroup Relations, 1979, 33(47), 94-109.

［253］Tajfel, H., Billig, M. G., Bundy, R. P. social categorization and intergroupbehaviour. Eur. J. Soci. Psychol.1971, 1: 149－178.

［254］Templeton, E. M., Stanton, M. V. & Zaki, J. Social norms shift preferences for healthy and unhealthy foods. PLoS One, 2016, 11(11), 1-16.

［255］Texeira, T., Wedel, M. & Pieters, R. Emotion-induced engagement in internet video advertisements. Journal of Marketing Research, 2012, 49(2), 144-159.

［256］Thiruchselvam, R., Gopi, Y., Kilekwang, L., Harper, J. & Gross, J. J. In God we trust? Neural measures reveal lower social conformity among non-religious individuals. Social Cognitive Affective Neuroscience, 2017, 12(6), 956-964.

［257］Thiruchselvam, R., Harper, J. & Homer, A. L. Beauty is in the belief of the beholder: Cognitive influences on the neural response to facial attractiveness. Social Cognitive and Affective Neuroscience, 2016, 11 (12), 1999-2008.

［258］Threadgill, A. H. & Gable, P. A. Approach-motivated pregoal states enhance the reward positivity.

Psychophysiology, 2016, 53(5), 733-738.

[259]Toelch, U. & Dolan, R. J. Informational and normative influences in conformity from a neurocomputational perspective. Trends Cognitive Sciences, 2015, 19 (10), 579-589.

[260] Tong, E. M. W., Tan, C. R. M., Latheef, N. A., Selamat, M. F. B. & Tan, D. K. B. Conformity: Moods matter. European Journal of Social Psychology, 2010, 38(4), 601-611.

[261] Tremblay, L., Hollerman, J. R. & Schultz, W. Modifications of reward expectation-related neuronal activity during learning in primate striatum. Journal of Neurophysiology, 1998, 80(4), 964-977.

[262]Tushman, M.L. & D.A. Nadler, Information Processing as an Integrating Concept in Organizational Design. Academy of management review, 1978, 3 (31): 613-624.

[263]Van Veen, V., Krug, M. K., Schooler, J. W. & Carter, C. S. Neural activity predicts attitude change in cognitive dissonance. Nature Neuroscience, 2009, 12 (11), 1469-1474.

[264]Vertegaal, R. & Ding, Y. Explaining effects of eye gaze on mediated group conversations: Amount or synchronization? ACM Conference on Computer

Supported Cooperative Work, 2002, 41-48.

[265] Volz, K.G., Kessler, T., von Cramon, D.Y. In-group as part of the self: in-groupfavoritism is mediated by medial prefrontal cortex activation. Social. Neuroscience. 2009, 4,244－260,

[266] Wang, C., Jin, J., Vieito, J. P. & Ma, Q. Antiherding in financial decision increases valuation of return on investment: An event-related potential study. Computational Intelligence and Neuroscience, 2017a, 1-9.

[267] Wang, L., Li, L., Shen, Q., Zheng, J., & Richard, P. To run with the herd or not: Electrophysiological dynamics are associated with preference change in crowdfunding[J]. Neuropsychologia, 2019, 134: 10732.

[268] Wang, L., Sun, H., Li, L. & Meng, L. Hey, what is your choice? Uncertainty and inconsistency enhance subjective anticipation of upcoming information in a social context. Experimental Brain Research, 2018, 236 (10), 2797-2810.

[269] Wang, L., Zheng, J. & Meng, L. Effort provides its own reward: Endeavors reinforce subjective expectation and evaluation of task performance. Experimental Brain Research, 2017b, 235(4), 1107-1118.

[270] Wang, L., Zheng, J., Huang, S. & Sun, H. P300 and

decision making under risk and ambiguity. Computational Intelligence and Neuroscience, 2015, 1-7.

[271] Wang, L., Zheng, J., Meng, L., Lu, Q. & Ma, Q. Ingroup favoritism or the black sheep effect: Perceived intentions modulate subjective responses to aggressive interactions. Neuroscience Research, 2016a, 108, 46-54.

[272] Wang, L., Zheng, J., Zhang, X., Zhang, J.,Wang Q. & Zhang Q. Pedestrians' behavior in emergency evacuation: Modeling and simulation. Chinese Physics B, 2016b, 25(11):685-694.

[273] Wang, Q., Xu, Z., Cui, X., Wang, L. & Ouyang, C. Does a big Duchenne smile really matter on e-commerce websites? An eye-tracking study in China. Electronic Commerce Research, 2016c, 17(4), 609-626.

[274] Wansink, B. & Ray, M. L. Advertising strategies to increase usage frequency. Journal of Marketing, 1996, 60(1), 31-46.

[275] Wardle, M. C., Fitzgerald, D. A., Angstadt, M., Sripada, C. S., Mccabe, K. & Phan, K. L. The caudate signals bad reputation during trust decisions. PLoS One, 2013, 8(6), 1-9.

[276] Weber B. J. & Huettel S. A.. The Neural Substrates of Probabilistic and Intertemporal Decision Making, Brain Research, 2008,1234:104-115.

［277］Wedel, M. Attention research in marketing: A review of eye tracking studies. New York: Social Science Electronic Publishing, 2014.

［278］Weinberg, A., Riesel, A. & Proudfit, G. H. Show me the money: The impact of actual rewards and losses on the feedback negativity. Brain and Cognition, 2014, 87(1), 134-139.

［279］Wu, Y. & Zhou, X. The P300 and reward valence, magnitude, and expectancy in outcome evaluation. Brain Research, 2009, 1286, 114-122.

［280］Yacubian J., Glascher J. & Schroeder K., et al. Dissociable Systems for Gain-and Loss - Related Value Predictions and Errors of Prediction in the Human Brain, The Journal of Neuroscience, 2006,26(37):9530-9537.

［281］Yang, L., Toubia, O. & De Jong, M. G. A bounded rationality model of information search and choice in preference measurement. Journal of Marketing Research, 2015, 52(2), 166-183.

［282］Yasuda, A., et al., Error-related negativity reflects detection of negative reward prediction error. Neuroreport, 2004, 16 (151): 2561-2565.

［283］Yasunori, K., Yoshimi, O., Takayuki, I., Jun-Ichirou, A., Shigeru, K. & Yusuke, I. Source analysis of stimulus-preceding negativity constrained by functional magnetic resonance imaging. Biological Psychology, 2015, 111, 53-64.

[284] Yeung, N. & Sanfey, A. G. Independent coding of reward magnitude and valence in the human brain. Journal of Neuroscience, 2004, 24(28), 6258-6264.

[285] Yeung, N., Holroyd, C. B. & Cohen, J. D. ERP correlates of feedback and reward processing in the presence and absence of response choice. Cerebral Cortex, 2005, 15(5), 535-544.

[286] Yu, H., Dan, M., Ma, Q. & Jin, J. They all do it, will you? Event-related potential evidence of herding behavior in online peer-to-peer lending. Neuroscience Letters, 2018, 681, 1-5.

[287] Yu, R. & Sun, S. To conform or not to conform: Spontaneous conformity diminishes the sensitivity to monetary outcomes. PLoS One, 2013, 8(5), 1-9.

[288] Yuan, J., et al., Are we sensitive to valence differences in emotionally negative stimuli? Electrophysiological evidence from an ERP study. Neuropsychologia, 2007, 12 (451): 2764-2771.

[289] Yum, H., Lee, B. & Chae, M. From the wisdom of crowds to my own judgment in microfinance through online peer-to-peer lending platforms. Electronic

Commerce Research and Applications, 2012, 11 (5), 469-483.

[290] Zaki, J., Schirmer, J. & Mitchell, J. P. Social influence modulates the neural computation of value. Psychological Science, 2011, 22(7), 894-900.

[291] Zhang, J. & Liu, P. Rational herding in microloan markets. Management Science, 2012, 58(5), 892-912.

[292] Zhang, J., Wedel, M. & Pieters, R. Sales effects of attention to feature advertisements: A bayesian mediation analysis. Journal of Marketing Research, 2009, 46(5), 669-681.

[293] Zhang, K. & Chen, X. Herding in a P2P lending market: Rational inference or irrational trust? Electronic Commerce Research and Applications, 2017, 23, 45-53.

[294] Zhou, Z., Yu, R. & Zhou, X. To do or not to do? Action enlarges the FRN and P300 effects in outcome evaluation. Neuropsychologia, 2010, 48(12), 3606-3613.

[295] Zubarev, I., Klucharev, V., Ossadtchi, A., Moiseeva, V. & Shestakova, A. MEG signatures of a perceived match or mismatch between individual and group opinions. Frontiers in Neuroscience, 2017, 11(10), 1-9.

[296] 刁雅静,何有世,王念新,等,2017.商品类型对消费者评论认知的影响:基于眼动实验.管理科学,30(5):3-16.

[297] 冯博,叶绮文,陈冬宇,2017.P2P网络借贷研究进展及中国

问题研究展望.管理科学学报,20(4):113-126.

[298]付辉建,2016.基于脑电信号分析的风险感知研究.博士学位论文,浙江大学.

[299]付艺蕾,罗跃嘉,崔芳,2017.选择一致性影响结果评价的ERP研究.心理学报,49(8):1089-1099.

[300]高美娟,2015.安全氛围溢出效应的研究——基于社会影响过程理论框架.硕士学位论文,浙江大学.

[301]李继尊,2015.关于互联网金融的思考.管理世界(7):1-7,16.

[302]林莉芳,2018.互联网金融商业模式、风险形成机理及应对策略.技术经济与管理研究(8):66-70.

[303]廖理,李梦然,王正位,等,2015.观察中学习:P2P网络投资中信息传递与羊群行为.清华大学学报(哲学社会科学版),30(1):156-165,184.

[304]马庆国,付辉建,卞军,2012.神经工业工程:工业工程发展的新阶段.管理世界(6):163-168,179.

[305]马庆国,王小毅,2006a.从神经经济学和神经营销学到神经管理学.管理工程学报,20(3):129-132.

[306]马庆国,王小毅,2006b.认知神经科学、神经经济学与神经管理学.管理世界,10:139-149.

[307]邱梅,2012.基于信息更新视角的不确定决策机理研究.硕士学位论文,浙江大学.

[308]沈模卫,张光强,符德江,等,2002.阅读过程眼动控制理论模型:E-Z Reader.心理科学,25(2):129-133,252.

[309]陈晶,袁文萍,冯廷勇,等,2010.决策信心的认知机制与神经基础.心理科学进展,18(4):630-638.

[310]孙彦,李纾,殷晓莉,2007.决策与推理的双系统——启发式系统和分析系统.心理科学进展,15(5):721-726.

[311]滕越,2013.在线评论动态变化对商品销量的影响研究——基于社会影响和消费者学习的视角.硕士学位论文,对外经济贸易大学.

[312]汪祚军,欧创巍,李纾,2010.整合模型还是占优启发式模型?从齐当别模型视角进行的检验.心理学报,42(8):821-833.

[313]王翠翠,2014.基于决策神经科学的从众与反从众行为研究:对比财产类决策和健康类决策情景.博士学位论文,浙江大学.

[314]王求真,曹仔科,马庆国,2012.认知负荷视角下不同复杂度购物网站的眼动研究.信息系统学报,(1):54-63.

[315]王求真,姚倩,叶盈,2014.网络团购情景下价格折扣与购买人数对消费者冲动购买意愿的影响机制研究.管理工程学报,28(4):37-47.

[316]王正位,向佳,廖理,等,2016.互联网金融环境下投资者学习行为的经济学分析.数量经济技术经济研究,33(3):95-111.

[317]魏真瑜,2014.最后通牒博弈中的从众效应.硕士学位论文,西南大学.

[318]魏真瑜,2017.博弈中的亲社会从众行为研究.博士学位论

文,西南大学.

[319]魏子晗,李兴珊,2015.决策过程的追踪:基于眼动的证据.
心理科学进展,23(12):2029-2041.

[320]吴佳哲,2015.基于羊群效应的P2P网络借贷模式研究.国
际金融研究,(11):88-96.

[321]肖璇,2016.基于社会影响理论的社交网络服务持续使用
机理与模型研究.博士学位论文,哈尔滨工业大学.

[322]谢平,邹传伟,刘海二,2015.互联网金融的基础理论.金融
研究,8(422):1-12.

[323]谢晔,周军,2013.情绪和控制幻觉对投资者羊群行为的影
响.心理科学,36(4):936-941.

[324]闫国利,白学军,2007.汉语阅读的眼动研究.心理与行为
研究,5(3):229-234.

[325]杨东,2015.互联网金融的法律规制——基于信息工具的
视角.中国社会科学,(4):107-126.

[326]杨飒,2014.购物网站上产品模特的视线线索研究——基
于眼动实验.硕士学位论文,浙江大学.

[327]余雯,闫巩固,黄志华,2013.决策中的过程追踪技术:介绍
与展望.心理科学进展,21(4):606-614.

[328]张笑,冯廷勇,2014.决策信心在信息化从众中的作用.心
理科学,37(3):689-693.

[329]赵仑,2010.ERPs实验教程(修订版).南京:东南大学出版社.

[330]郑杰慧,汪蕾,陆强,等,2016.信息过滤与不确定决策:基
于认知加工视角.管理工程学报,30(1):205-211.